Organízate con estilo

**El método definitivo
para los emprendedores
que trabajan desde casa**

Diseño de cubierta: Joan Moreno

ISBN: 978-84-9735-465-3
Depósito legal: B-22735-2018
Primera edición: Febrero 2019
Impresión: Gráficas Rey
Impreso en España / *Printed in Spain*

Organízate con estilo

El método definitivo
para los emprendedores
que trabajan desde casa

Carol García

Amat
editorial

ÍNDICE

Introducción

SI ALGUIEN ENTRARA EN TU OFICINA, ¿QUÉ PENSARÍA DE TI?

Esta es la pregunta que siempre hago, pícaramente, al inicio de mis charlas o talleres de organización en la oficina porque sé, de buena tinta, que trabajar desde casa supone combinar las tareas de un negocio con las familiares, y no es precisamente un trabajo fácil…

Tu oficina habla de ti. De un vistazo, se puede saber la forma de trabajar de alguien, su estilo organizativo o su nivel de limpieza, si tiene mucho trabajo atrasado o si le va a costar o no encontrar un documento; en definitiva, su nivel de organización o de desorganización. Pero, a pesar de todo, *desorden* no es sinónimo de *desorganización*. Esto es lo primero que aprendí en las clases de Organización del Trabajo en la Universidad: un espacio puede estar «desordenado» a la vista de un cierto número de personas, pero si su dueño o usuario encuentra lo que está buscando y cumple eficazmente con sus objetivos, eso significa que no está desorganizado, es decir, que tiene implementados unos sistemas que le funcionan. Si aun así nos molesta su «desorden», quizás el problema esté en nuestro propio escritorio…

A todo el mundo le cuesta a veces levantarse por la mañana y ponerse a hacer algo inmediatamente. Hay días que, según las circunstancias, te puedes sentir como paralizado, sin saber por dónde empezar, pero al mismo tiempo ¡con ganas de hacerlo todo! Algún día así entra dentro de lo normal, puesto que somos humanos, y la buena noticia es que existen técnicas para superar esos días que te voy a explicar en este libro. Sin embargo, si pese a los esfuerzos tu día acaba siendo improductivo y te enfurece el hecho de no finalizar lo que te habías propuesto, es hora de tomar cartas en el asunto y buscar una solución a tu desorganización, porque te juegas tu negocio, tu salud y tu estabilidad familiar.

Conozco perfectamente ese sentimiento de estar superado por la situación y estresado. Tienes tantas cosas que hacer que sientes que no vas a acabar nunca. El día termina, y no te has puesto al corriente ni por asomo y sientes que vas a parar sin fuerzas de un momento a otro. «Pero ¿qué me pasa? ¡Si yo era capaz de hacer esto hace un tiempo!».

Incluso hay personas que caen en una profunda depresión al descubrir que una desorganización puntual, que no supieron solucionar en su momento, provocó la pérdida de oportunidades únicas en su vida que nunca más se presentarán.

No sé si ese será tu caso, pero yo admito que hubo una etapa de mi vida en la que me sentí así a menudo, con días en que todo me superaba, pero por suerte esto tiene solución.

Como todo en la vida, trabajar desde casa tiene una parte positiva y otra parte que lo es menos. Empezando por la buena, podríamos afirmar que esta manera de trabajar te permite:

◆ **Realizarte como persona**, hasta el punto de cumplir tus deseos a nivel profesional. Te dedicas a lo que te gusta, decides tu horario, dónde trabajas, cómo y con quién. En definitiva, eres tú quien define los términos de tu satisfacción laboral y puedes conciliar tu ocupación con tu vida familiar, puesto que eres tu propio jefe.

◆ Como profesional, disfrutas de la sensación de **poner en marcha tu propio negocio**, ser productivo, determinar cuánto ganas, desarrollar una amplia gama de habilidades en los negocios y delegar todas aquellas tareas que no sean tu fuerte.

◆ **Ahorrar dinero:** Desde la perspectiva de los costes del negocio, trabajar desde casa te permite un gran ahorro, lo que significa mayores ingresos. Por ejemplo, no debes desplazarte si no es imprescindible, tampoco necesitas trajes ni modelitos caros ni aparentes, no tienes que gastar en comer fuera, en principio, y disfrutas de deducciones fiscales.

Pero por otro lado...

◆ Tienes que organizarte muy bien, tanto en casa como en tu negocio, para que genere ingresos.

◆ Puedes llegar a notar que tu casa y negocio se han mezclado y no encuentras nada de lo que buscas.

◆ Puedes tener la impresión de que no te da tiempo de hacerlo todo.

◆ Es posible que eches en falta relacionarte con compañeros de trabajo.

◆ Puedes tener una ligera sensación de aislamiento y pensar que estás perdiéndote algo más interesante al trabajar por tu cuenta.

◆ Puedes llegar a echar de menos que alguien te felicite cuando acabas un proyecto brillante.

◆ Puedes tener momentos muy bajos de motivación.

◆ Puedes experimentar la falta de sistemas para organizar la información que necesitas y hacer uso de ella.

◆ Es posible que tengas dificultades a la hora de mantenerte concentrado a causa de diversas interrupciones y distracciones.

◆ Puedes tener un sentimiento de culpabilidad al pensar que estás desatendiendo las tareas de tu casa o de tu familia.

A pesar de que te encante la idea de trabajar desde casa, hay muchos retos a los que has de enfrentarte. A lo largo de mi trayectoria me habría resultado muy útil contar con un buen asesoramiento en todas aquellas materias que escapaban a mi experiencia profesional. Después de muchos años de una actividad laboral muy variada,

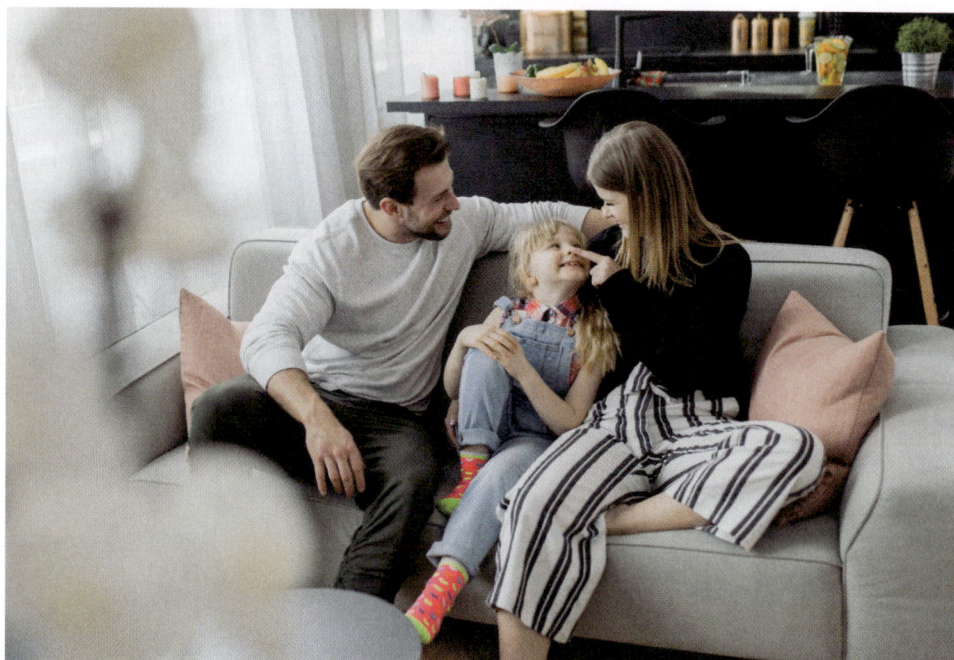

todavía tenía algunos problemas de gestión a los que nunca había hecho frente. Principalmente fueron temas de venta *online*, diseño web, posicionamiento SEO..., todo ello combinado con la crianza de dos niños pequeños. No fue un proceso fácil. Cometí varios errores importantes que me hicieron frenar en seco y replantearme la manera en que estaba llevando mi negocio. Hay que aprender a emprender. Por suerte, podemos prevenir los posibles errores sacando partido de la experiencia de los demás, y hoy en día, gracias a internet y los innumerables blogs sobre la materia, resulta mucho más fácil que antes.

¿El emprendedor nace o se hace?

En el ámbito empresarial, nuestro país no se caracteriza por ostentar un tejido empresarial de grandes compañías. Según el informe «La empresa mediana española», que elabora el Círculo de Empresarios anualmente, el número medio de trabajadores por empresa es de 4,5. El tejido económico de un país como España se basa, por tanto, en la cantidad y calidad de sus pymes, ya que el 97,5 % de las empresas que existen pueden entrar dentro de esa definición. Y más concretamente, un 75 % de estas son microempresas de entre uno y cinco empleados. Aquí encontramos a los entrañables autónomos, claro. Por tanto, para el desarrollo económico de nuestro país es esencial que miles de personas se lancen a la aventura de emprender. Toda una «aventura» porque ahora, más que nunca, en esta crisis permanente que nos está tocando vivir, ser emprendedor es una profesión de alto riesgo, donde uno se juega no solamente su dinero, sino también su autoestima, entusiasmo y prestigio personal.

A pesar de que, últimamente, estamos viviendo una nueva era para el emprendedor, no siempre ha sido así. Ser emprendedor ahora significa, en muchos casos, la solución a los problemas derivados de la última crisis, el camino hacia la autorrealización y la puerta de la felicidad siendo tu propio jefe, convirtiendo tus sueños imposibles en realidad. Se está llegando incluso a idealizar, ya que emprender desde casa supone la mejor opción para una mujer que desea trabajar y ser madre y está obligada a compaginarlo.

Pero la realidad es que estamos en un país donde los emprendedores nunca han estado demasiado bien vistos o, por lo menos, no ha interesado alimentar sectores de individuos que sepan valorar y tomar decisiones propias. En las escuelas y en las universidades, nos han educado fundamentalmente para ser empleados o mandos intermedios, o mejor aún, funcionarios del Estado, con un trabajo y un sueldo seguros y para toda la vida. Eso era la definición de un trabajo «como Dios manda». No es casualidad que solo tres de cada diez universitarios españoles se declaren dispuestos a emprender una vez terminados sus estudios, frente a ocho de cada diez en Estados Unidos. A eso cabe añadir que, puesto que el emprendedor actual tiene una dependencia bastante alta de las redes sociales, algunos sectores de la sociedad suelen tener reticencias a que ciertos trabajos, más o menos *online* —como, por ejemplo, *youtuber*—, se puedan considerar un trabajo «de verdad».

No obstante, la incertidumbre del contexto económico, o la falta de apoyo de algunos, no es la única dificultad a la que se enfrenta el emprendedor. Hay que sumarle los errores por carencia de habilidades, unas veces por falta de experiencia —en el caso de los jóvenes— y otras por exceso de malas experiencias —en el caso de los más mayores—. En definitiva, cada emprendedor se enfrenta a la aventura desde una perspectiva diferente, pero siempre arriesgada, porque en la práctica las cosas nunca suelen suceder como se habían planeado de antemano. El desarrollo de las ideas es complejo y no se puede hablar de buenos o malos proyectos hasta que se han podido implementar.

Una de las reflexiones que me he hecho últimamente en relación con el emprendimiento y, precisamente, valorando mi propia trayectoria es: «¿El emprendedor nace o se hace?», porque entre mis planes jamás estuvo la idea de crear un negocio en solitario. Así que he llegado a la conclusión de que hoy en día existen varios tipos de emprendedor:

◆ En primer lugar, está el **emprendedor de toda la vida**, el que ya apunta maneras desde pequeño y/o en su seno familiar cuenta con generaciones que han sacado adelante el mismo negocio. Se podría decir que su ADN viene «programado para emprender». Es difícil vaticinar su éxito, puesto que, como los demás, se enfrentará a unos contextos impredecibles, pero es un individuo que cuenta con un «*know-how*» de sobremesa» a diario, ha respirado emprendimiento desde la cuna y, si cuenta con unas buenas competencias organizativas, tiene el éxito asegurado.

◆ En segundo lugar, están aquellos que jamás pensaron iniciar un negocio, pero visto cómo le va a Fulanito o a Menganito se han **aventurado a ser sus propios jefes**. Seguramente se les presentaron otras alternativas laborales, pero ser emprendedor es un concepto que han asimilado como una tarea fácil y rápida, basada únicamente en delegar y delegar.

◆ Y, por último, y aquí me incluyo yo misma, encontramos esa **gran masa de trabajadores por cuenta ajena** que nos quedamos sin trabajo entre 2008 y 2014, de mediana edad y con familia a cargo. Puede, incluso, que no hayas perdido el trabajo, pero tras analizar tu situación personal y tu escasa disponibilidad, has comprendido que te sale más a cuenta quedarte en casa a cuidar a tus hijos que continuar trabajando por cuenta ajena, en ocasiones hasta más horas y con sueldos más bajos. Entonces es cuando aparece la idea del emprendimiento como tu salvación; un camino difícil, pero para ti el único camino, no solo para normalizar la situación económica de la familia, sino para reconducir una carrera de la cual has sido expulsado tras años de esfuerzo. Además, se podría decir que estamos viviendo una época de introspección, de autoconocimiento, en que está muy de moda fijarnos objetivos. Esto también ha provocado el nacimiento de una nueva especie de emprendedor, que yo denomino «emprendedor Benjamin Button» —haciendo referencia a la película *El curioso* *caso de Benjamin Button*, por cierto, una de mis preferidas—, cuyo mensaje es que nunca es tarde para hacer realidad tus sueños. Así, hoy en día no es difícil encontrar nuevos emprendedores con más de cincuenta años, que son capaces de iniciar un negocio cumpliendo un sueño que llevaban madurando mucho tiempo. Este es el emprendedor que ha vivido atrapado en otra vida. Recuerdo un día en que, paseando por una playa de Barcelona con mi familia, nos encontramos con una pareja de octogenarios que vendían un juego de tenis con un sistema para que no se escapara la pelota. Lo había inventado el hombre y ¡hasta lo habían patentado! Nunca es tarde...

Los peores enemigos del emprendedor creativo

Pero si existe un enemigo, con mayúsculas, del emprendedor, sobre todo de los que trabajamos solos y desde casa, es lo que yo llamo los «ecos de sirena». Sucede cuando estás concentrado trabajando en un proyecto y de repente una idea estupenda se repite en tu cabeza, como un eco. Aunque al principio no quieres reparar en ella, acaba haciendo que dejes de trabajar en lo que estaba haciendo y te pongas manos a la obra, ilusionado con la nueva ocurrencia, por supuesto implementándola inmediatamente, no sea que se te vaya a olvidar.

Y precisamente porque has empezado a trabajar en esa nueva idea, tu proyecto original, que aún no está acabado, no lo terminas. Los «ecos de sirena» crean un círculo vicioso de ideas estupendas que no paran de salir del horno, cuando otros proyectos nunca se finalizan. Esto no solo causa estrés, por el hecho de tener múltiples proyectos abiertos, sino que hace que la lista de tareas individuales, derivadas de cada proyecto, sea interminable y muy difícil de gestionar con éxito. Cuando nos enfrentamos a una lista demasiado larga de tareas pendientes, no avanzamos tan rápido, o incluso, no

avanzamos en absoluto. Esto ocurre porque resulta muy difícil elegir qué hacer cada día, puesto que hay demasiadas tareas que pueden competir en importancia o en urgencia.

El mejor consejo, para empezar, sencillo y efectivo, es comenzar con una cosa sola, terminarla por completo y, a continuación, pasar a la siguiente. Y si de repente te sorprende un «eco de sirena», escribe esa genial idea en una libreta para que no se te olvide. Lo que no debes hacer es iniciar esa idea nueva inmediatamente, a menos que forme parte del proyecto en el que estás trabajando en ese momento o lo encuentres realmente justificado.

Si todas o alguna de estas situaciones te resultan familiares, entonces no estás del todo organizado o no tienes unos sistemas implementados. Y está demostrado que la organización o la falta de ella pueden impulsar o hundir un negocio, puesto que no todo es sabiduría y energía positiva.

¿A quién va dirigido este libro?

Este es un libro con ideas, consejos y sistemas muy concretos, de los que cualquier persona puede sacar partido, ya que pueden ser reajustados con facilidad. Pero, principalmente, el contenido está pensado para ayudar a organizar el trabajo, el espacio físico, los documentos y el tiempo del emprendedor, autónomo o dueño de un micronegocio, que realiza gran parte del trabajo desde casa, ya sea hombre o mujer. Hoy en día es indiferente. Conozco varios «papis» con una rutina idéntica a la mía.

Los consejos del «mayordomo de oficina»

En este libro vas a encontrar sistemas detallados de cómo hacer u organizar ciertas cosas muy concretas relacionadas con tu negocio. Encontrarás trucos que yo llamo de «mayordomo de oficina», aquellos que aprendes de personas con muchas horas de oficina y que han utilizado muchos sistemas. Pero para poder adaptar alguno de estos trucos a tu negocio u oficina, tendrás que interiorizar unas cuantas cosas:

◆ Lo primero que deberías hacer es un **cambio de mentalidad** y convertir la organización en una prioridad. No solo en lo relacionado con tu negocio, sino en todos los ámbitos de tu vida. Los sistemas de los que te hablaré no son ecuaciones ni algoritmos; se trata de simples cambios de hábitos, rutinas o decisiones que harán que te acerques más a tus objetivos y, en algunos casos,

incluso que veas estos más claros. Por tanto, es un tema de responsabilidad. Intenta bloquear el tiempo en tu horario para completar las tareas asignadas en cada capítulo. Empezarás a notar cambios muy pronto.

◆ **Comienza con unas expectativas modestas**. Si llevas diez o más años trabajando en un entorno desorganizado, no esperes cambiarlo de la noche a la mañana. Empieza enfocándote en un hábito o en un único proyecto, y una vez que hayas conseguido adquirir la rutina de ese hábito o acabado el proyecto, comienza a trabajar en el siguiente.

◆ **No pretendas cambiarlo todo a la vez**. Los cambios no son más que hábitos distintos. Con esto no quiero decir que no sea posible hacerlo, sino que, en la mayoría de los casos, si se trata de adquirir nuevos hábitos, es mejor ir poco a poco, uno a uno, para conseguir asimilarlos de manera progresiva y natural, y no fracasar en todos a corto plazo.

Pero, por supuesto, existe un sistema para adquirir varios nuevos hábitos al mismo tiempo. Seguro que has oído alguna vez aquello de que hacen falta 21 días, pues el sistema te resultará familiar, porque está basado en un juego de niños. ¿Recuerdas el juego de las palabras encadenadas? Se empieza diciendo una palabra, por ejemplo, *pelota*. El siguiente debe decir esa palabra y otra más —*pelota, raqueta*—; el tercero, recordar las dos anteriores y añadir una tercera —*pelota, raqueta, libro*—, y así sucesivamente. No es lo mismo tener que repetir una cadena de diez palabras de un tirón hacerlo incorporando cada vez una palabra nueva. La aplicación en el caso de los hábitos sería parecida, pero esperando unos días —depende en función de quién y qué— hasta empezar con el nuevo hábito.

Este es uno de los consejos del «mayordomo de oficina», que son los que realmente nos aportan resultados rápidos cambiando nuestros hábitos. Porque no es lo mismo que te expliquen *qué* debes hacer que *cómo* debes hacerlo. Te daré alguno más:

◆ **Acostúmbrate a «fichar».** Adquiere la rutina de rendirte cuentas a ti mismo sobre el cumplimiento de tu rutina —valga la redundancia—. Crea unas hojas con el nombre de la tarea que debes hacer y la frecuencia, y haz una marca cuando la realices. Coloca esas hojas en un lugar que veas constantemente, y así te acordarás de lo que tienes pendiente.

◆ **No te dejes ganar por la pereza ni por las malas rachas.** Todos tenemos momentos de bajón de vez en cuando. La vida transcurre en ciclos para todo. Siempre habrá momentos en los que te sentirás capaz de enfrentarte a cualquier reto, y otros en los que te sentirás «chof». Pero no podemos dejar que esos momentos nos superen. Aquellos días en los que las cosas no nos salgan como las habíamos planeado, simplemente hay que pensar que está bien tal cual y «tirar millas». Baja un poco el listón; siempre es mejor sacar un diez, pero, recuerda, con cinco estás aprobado. Luego te pones las pilas y, en la siguiente, subes la media.

◆ **Simplifica tu casa y tu oficina.** Cuantas menos cosas tengas, más fácil será mantener tus sistemas de organización. Pongamos como ejemplo una oficina que tiene encima de la mesa diez montones de papeles. Si eliminas ocho porque son cosas que ya no necesitas, solo te quedarán dos grupos de papeles, lo cual es mucho más fácil de gestionar, mantener, encontrar, organizar, etcétera. Repite este proceso para cada espacio de tu casa y verás cómo resulta mucho más fácil de organizar, recoger y mantener.

La idea es simplificar tu casa y tu oficina con el fin de que su mantenimiento sea más fácil. De este modo, las posibilidades de ser constante aumentan. Nos adentraremos más adelante en este tema.

¿Cómo está estructurado este libro?

Con el fin de que digieras fácilmente toda la información que contiene, me ha parecido idóneo dividirlo en cinco partes: entorno físico, entorno mental, material de oficina, estilo organizativo y familia y hogar.

Cada parte está dividida en varios apartados que cubren en detalle cómo solucionar unos problemas muy concretos con los que me he encontrado como madre emprendedora que trabaja desde casa y como organizadora profesional. En cada una de ellas, explico cómo implementar sistemas específicos y ofrezco diversas opciones, en función de las características o del estilo organizativo, para que puedas elegir la que más encaje con tu situación. Los productos que te menciono son los que me han funcionado a mí o a mis clientes, pero por supuesto no es necesario que adquieras los que yo te propongo; simplemente es para que te hagas una idea de las opciones que hay en el mercado.

Adentrémonos ya en los hábitos de organización que puedes adaptar a tu negocio desde casa, con las barreras más bajas. Presta atención a los apartados «Plan de acción» porque te ofrecen sugerencias para poner en práctica lo expuesto. ¡El conocimiento te dará la fuerza!

Parte 1
El entorno físico profesional

TU OFICINA. ACAMPA EN EL MEJOR LUGAR

¿Por qué cuesta tanto organizarse?

Un negocio basado en tu hogar normalmente empieza de una forma muy discreta, a veces a modo de *hobby*, así que el espacio asignado es, en ocasiones, una solución improvisada o un «de momento me instalo aquí». Hay quien ocupa una esquina del comedor o un rinconcito de la cocina con un cajón reservado para el material, pero cuando el negocio empieza a crecer, se convierte en un inconveniente el hecho de tener que ir a otra habitación para archivar algo. Y antes de que te des cuenta, tu casa estará desordenada y llena de montañas de papeles por el suelo esperando a ser archivados la próxima vez que te levantes de tu escritorio...

Te parecerá que tener que desplazarte hasta el armario cada vez que necesitas algo es una pérdida de tiempo, así que el material de oficina acabará encima de tu escritorio de manera permanente.

Cuando esto sucede, necesitas reconsiderar la ubicación de tu oficina dentro de tu casa, porque sí, todo eso te hace perder mucho tiempo, pero lo peor de todo es que el desorden físico que te rodea te produce también desorden mental.

¿Qué es el desorden mental?

Es esa vocecilla dentro de tu cabeza que se alimenta del desorden físico que existe, provocado por la desorganización en tu casa, y que te intenta convencer para procrastinar, ponerte excusas, mentir o culpar a otro en lugar de a ti mismo. No desaparecerá hasta que te organices y acabes con el desorden físico. Por ejemplo, puedes encontrarte pensando:

◆ «No encuentro las llaves del coche. Llegaré tarde a la cita con mi cliente y quedaré fatal. Culparé al tráfico y diré que he hecho caravana».

◆ «Necesito contestar un *e-mail*. Hace tres días que espera mi respuesta. ¡Oh, lo haré más tarde! Ahora no me apetece ponerme; tengo el escritorio lleno de papeles de otro proyecto...».

◆ «Se me ha olvidado llevar a mi hijo al partido de fútbol; lo dijeron, pero no me lo apunté en la agenda. No sé ni dónde la tengo. Diré que tenía que ir al médico».

◆ «Hace dos días que le encargué el trabajo a mi asistente virtual, y aún no me ha contestado. Uff, se supone que me tiene que contestar enseguida. ¡Estoy muy descontento con su trabajo!».

Primero vamos a solucionar el desorden físico, ya que al ser algo tangible resulta más fácil de atacar. Aquí tienes un consejo para empezar:

En la medida de lo posible, intenta reservar una habitación entera con el único propósito de desarrollar tu negocio. Esto sería lo ideal, ya que te permitiría tener todas las cosas relacionadas con el trabajo en un mismo lugar. También es muy conveniente porque te mantiene aislado del resto de la casa y te facilita el enfoque.

Espacios pequeños

Muchos de nosotros no disponemos de una habitación libre para crear una oficina separada en nuestro hogar o una especie de estudio dedicado solo a nuestro negocio. Actualmente, tengo una habitación que es mi propio despacho, pero antes de la mudanza he trabajado desde el comedor, desde la habitación de matrimonio, ¡e incluso desde el coche! Es importante crear un espacio de manera inteligente y funcional. Así que, si no dispones de demasiado espacio para un gran escritorio, tendrás que invertir tiempo en planear la mejor manera de utilizar el espacio del que dispones para sacarle el máximo partido.

Necesitas diferenciar de manera clara tu casa de tu negocio, de tal forma que cuando entres en tu «espacio oficina» cambies tu rol de «estoy en casa» o «soy madre o padre» y, rápidamente, como si entraras en trance, adoptes el de «estoy en el trabajo». Hay muchas otras maneras de provocar este cambio de forma instantánea, pero la mejor es crear tu espacio con el propósito de exclusividad. Solo para trabajar. Solo para cosas relacionadas con el trabajo. Cuando no te es fácil

diferenciar entre lo que es «tu oficina» y el lugar en donde vives, es imposible que te concentres.

Así pues, te advierto de que trabajar desde la mesa del comedor o desde un lugar improvisado resultará muy ineficaz e inconveniente a largo plazo, ya que será difícil que consigas hacer cualquier cosa que requiera concentración en medio de la actividad familiar. Aparte, será agobiante el hecho de tener que quitar todos tus bártulos a la hora de comer o cuando venga un invitado a casa, no solo porque te costará mantener los papeles en orden, sino porque te darás cuenta del tiempo que pierdes para volver a retomar el hilo de tus pensamientos o de «montar el tenderete» otra vez, por no mencionar el riesgo de perder por el camino detalles importantes o vencimientos.

Ocúltalo a la vista

Con un poco de imaginación, las oficinas en casa que no estén en una habitación exclusiva para ello pueden ser ocultadas de manera efectiva. Échale un vistazo a mi tablero de Pinterest —«Organizarme»—, en el cual he hecho una selección de las mejores oficinas en casa en espacios reducidos. Hay ideas realmente creativas para optimizar el espacio.

Si tienes un armario empotrado que no usas demasiado, por ejemplo, en una habitación de invitados, lo puedes convertir en una minioficina simplemente añadiendo una cajonera a cada extremo del interior y un sobre de escritorio encima. Y en el caso de que tengas invitados una noche, cierras las puertas del armario y la oficina literalmente desaparecerá. Puedes instalar en la parte superior unas estanterías para guardar tu material de oficina, archivadores, libretas... Si tienes suerte y el armario tiene luz, acuérdate de añadir un alargador para poder enchufar el ordenador, la impresora, cargadores y una lámpara, por ejemplo.

Otra alternativa puede ser un simple armario o un escritorio que separes del resto de la habitación mediante un biombo, una estantería, una cortina o cualquier otra opción que se te ocurra.

«Que no te pille el toro»

Lo mejor es que ubiques tu oficina lo más lejos posible de la zona más transitada de tu casa, sobre todo si tienes niños. De esta forma, los ruidos constantes de la actividad normal de la casa o de tu familia no te distraerán y, aún mejor, no se oirán si mantienes una conversación telefónica con un cliente, lo cual resultaría muy poco profesional. Como ya he comentado, lo ideal sería una habitación vacía separada, un distribuidor que quede aislado de las habitaciones, la planta de arriba si vives es una casa unifamiliar o, incluso, un trastero, un garaje o una terraza que puedas cerrar, si tu comunidad de vecinos te lo permite. De hecho, un sótano o un trastero puede ser la solución ideal si dispones de buena iluminación y unas condiciones de trabajo confortables. Lo principal es escoger un lugar donde sepas que vas a querer estar.

Aunque parezca extraño, he visto oficinas perfectamente decoradas y arregladas prácticamente sin usar porque están demasiado aisladas, son frías o tienen algún inconveniente. Es muy importante diferenciar entre *decorar* y *organizar*. Una oficina decorada «de revista», con los muebles más caros, puede que no esté organizada para que tú te sientas a gusto para trabajar en ella.

Considera la conveniencia

Por ejemplo, si tu negocio implica el almacenaje de cajas grandes, muestras, materia prima o cualquier otro material que tengas que estar constantemente trans-

portando dentro y fuera de tu oficina, piensa si es conveniente que te instales en el piso de arriba teniendo que subir escaleras cargando todo el tiempo con el material. Lo mismo puede decirse de un sótano en el caso de que no tengas ascensor. No importa lo mucho que te guste la idea de trabajar en ese rinconcito que te has arreglado tan bien, si tienes que subir y bajar con peso unas escaleras de caracol cada dos por tres. Después de unas semanas, lo más probable es que decidas que es un agobio y te sentirás fatal por haber perdido tiempo y/o dinero en crear tu oficina y no querer usarla.

Protege tu privacidad

Si has de recibir visitas en tu oficina, elige una ubicación cerca de la entrada para mantener cierto grado de privacidad y profesionalidad. No es necesario que tus visitas evalúen tus gustos en decoración cuando entran en tu casa. Si deben quedarse por unas horas, piensa en disponer de un espacio a modo de recibidor y mantenlo libre de objetos personales.

Elimina distracciones

◆ Diseña tu horario de trabajo para que los proyectos que requieran mayor concentración los efectúes cuando haya menos actividad en la casa.

◆ Considera el hecho de poner un cartel de «no molestar» durante las horas en las que estés trabajando para recordarle a los miembros de tu familia que no te interrumpan a menos que sea importante.

◆ Si tienes niños, que haya siempre alguien que los vigile y se encargue de resolver los pequeños conflictos que puedan surgir.

◆ No combines el trabajo con las tareas de casa. Si te concentras en un proyecto, será un completo desastre que oigas el sonido de la lavadora o la secadora. Perderás la concentración y, probablemente, te levantarás a recoger la ropa porque «es un momentito», pero luego tardarás en recuperarla de nuevo.

◆ Al contrario de lo que mucha gente piensa, no todo el ruido de fondo ayuda a concentrarse, así que cuidado con la tele o la radio.

Haz que te guste y te inspire

Tu oficina debe ser un lugar agradable, en un entorno confortable, con espacio adecuado, luz y ventilación. Un lugar en el que entres y te sientas inspirado, eficiente y productivo. No te fuerces a reutilizar piezas de muebles del resto de la casa si no cumplen los requisitos que necesitas; no te sentirás a gusto trabajando porque será un espacio diseñado de manera deficiente. No tienes por qué reutilizar nada; te mereces algo a medida, lo cual no implica siempre un gasto exagerado. Puede ser una mano de pintura para igualar colores, cambiar de sitio unas baldas de una estantería o decorar con un papel bonito. El hecho de tener un espacio de trabajo eficiente y de calidad es muy importante para que disfrutes con tu actividad y así consigas unos resultados excelentes.

Elementos esenciales

En función de los tipos de trabajo que vayas a desempeñar, vas a necesitar distintos materiales. Deberás hacer una pequeña descripción de tus roles y de los materiales de trabajo y almacenaje que van ligados a cada uno —más adelante hablaremos de ellos—, para que tu espacio sea cien por cien efectivo.

Para empezar, te enumero lo que se considera esencial en una oficina. Después, poco a poco, puedes ir personalizando tu espacio:

◆ **Escritorio con cajones.** Está claro que necesitamos un escritorio o una mesa, aunque sea un simple tablero donde colocar el ordenador, los documentos y empezar a ser productivos. Si el escritorio tiene cajones te proporcionará un extra de almacenaje al alcance de la mano, además de ayudarte a ocultar cables, en el caso de que te moleste que estén a la vista. Si no dispone de cajones, los puedes añadir comprándolos aparte. Ten en cuenta la altura para poder encajarlos debajo. Si el escritorio tiene trasera también es ideal para ocultar los cables. Como no todo el mundo se adapta a organizar el material en cajones, hay otras opciones que veremos más adelante.

◆ **Una silla cómoda.** Podrías empezar con una silla cualquiera de las que tienes por casa, pero considera el hecho de que, si no estás cómodo trabajando, tendrás que hacer más pausas, con la consiguiente pérdida de tiempo. Además, cuando te vuelvas a sentar, deberás hacer un esfuerzo para retomar el hilo, lo cual no es demasiado productivo. Si eliges una silla con ruedas, te aconsejo un protector para el suelo, tanto si tienes moqueta como madera, para facilitar que se deslice cómodamente y proteger la superficie de las marcas de las ruedas.

◆ **Luz apropiada.** Si tienes la suerte de disponer de luz natural y la distribución del espacio te lo permite, intenta colocar tu escritorio enfrente de la ventana para poder aprovechar al máximo la luz y así evitar los reflejos que se producen cuando la luz proviene desde atrás o de manera lateral. Aun así, hazte con una buena lámpara y colócale una bombilla de luz fría, que es lo más parecido a la luz natural.

1. **Materiales de oficina.** Los más básicos serían los siguientes:

◆ Papel y tu bolígrafo preferido.

◆ Una libreta para reunir todas las notas que hagas en un mismo sitio.

◆ Carpetas tipo manila para organizar los proyectos en los que estés trabajando y que no se acumulen en montones encima de tu escritorio.

◆ Post-it: Son imprescindibles, ya que sirven tanto para etiquetar carpetas como de puntos de libro, y hasta para crearte una pared de lluvia de ideas.

2. **«Centro de procesamiento».** Es un lugar en el que procesas tu flujo de papeles —trataré este tema más adelante—. Yo tengo uno separado para los documentos de la familia. Es indispensable crear un sistema para procesar los papeles para que no se vayan acumulando y te provoquen estrés solo de verlos. Puede ser un sistema horizontal, encima de tu escritorio, o vertical, en la pared. Simplemente debe tener prevista la entrada, procesamiento y salida de documentos.

3. **Sistema de archivo.** Aunque seas una persona «digital» y trates al máximo de deshacerte de los papeles, siempre hay algún documento escrito que debemos almacenar. En función del volumen de papeles y del tipo de trabajo, tendremos que disponer de un archivo para nuestras carpetas manila, ya sea en carpetas con separadores, archivadores definitivos o carpetas colgantes —mi favorito—, así como archivadores de anillas para aquellos documentos de acceso más usual.

4. **Estanterías.** No solo sirven para almacenar libros; son ideales en tu oficina en casa para guardar el papel para la impresora, el material que precises, para colocar tu «centro de procesamiento», tus proyectos a medias o tus archivadores de anillas.

La clave para evitar que tu oficina no se desordene es que cada cosa tenga un único lugar donde puedas guardarla. Si guardas la grapadora unas veces en un cajón y otras al lado del teclado, lo más probable es que cuando más la necesites no esté ni en un sitio ni en el otro.

No escatimes el espacio

A ser posible, escoge un espacio lo bastante grande como para poder crear áreas separadas para las diferentes funciones que realices —por ejemplo, trabajo con el ordenador, llamadas de teléfono y archivo—. Necesitarás espacio para guardar todo el material relacionado con esa misma actividad, cerca y de manera conveniente. Unos ejemplos serían:

◆ Coloca una libreta y un bolígrafo cerca del teléfono para que cuando alguien te llame y tengas que anotar algo no le hagas esperar abriendo cajones.

◆ Guarda un recambio de tinta y un paquete de folios cerca de la impresora; el resto puede estar al otro lado de la habitación, en el armario de material, pero es conveniente tener un recambio siempre a mano.

◆ Si has de clasificar documentos para posteriormente archivarlos, equipa tu oficina con una mesa lo suficientemente grande como para poder realizar estas tareas con facilidad.

◆ Si necesitas leer documentos muy extensos, incluye un sillón de lectura y una buena iluminación. El escritorio debería utilizarse para realizar el trabajo considerado más «activo», en posición sentado erguido. Si intentas hacer largas lecturas lo encontrarás incómodo.

Ergonomía, orden y limpieza

Ya he comentado que un espacio de trabajo adecuado va mucho más allá de lo estético. Ya se trate de una oficina en casa, de un despacho en una empresa o incluso de tu propia cocina, siempre es importante un diseño ergonómico para reducir el riesgo de heridas o fatiga. Se trata sencillamente de adecuar tu espacio de trabajo, la ubicación de los materiales y tu propia posición y movimientos, para evitar cansancio, fatiga, estrés mental o incluso accidentes.

Hay infinidad de normas ISO con recomendaciones, pero si las analizamos, no se trata más que de aplicar el sentido común y pensar: ¿qué es lo que mejor

me funciona?, ¿cómo podría conseguir hacer mucho más trabajo reduciendo mis movimientos y al mismo tiempo cansándome menos? —incrementar la productividad—. Se trata de tomar conciencia de tu día a día y de cada cosa que haces: ¿cómo lo haces?, ¿por qué lo haces así?, ¿podrías cambiar algo para que fuese mejor? Por ejemplo, si siempre que escribes en el teclado te duelen los hombros al cabo de un rato, quizás tienes poco espacio en la mesa y no apoyas todo el antebrazo. Conviene que de vez en cuando hagas este «ejercicio» de toma de conciencia en el que conectes de una forma distinta con lo que estás haciendo. Es como verlo desde otra dimensión.

Con todo, hay una serie de recomendaciones a cuya conclusión es difícil llegar o, como mínimo, el proceso de ensayo-error nos puede suponer un gasto excesivo de tiempo y de dinero. Puedes revisar esas recomendaciones en el portal de Ergonomía de la web del Instituto Nacional de Seguridad e Higiene en el Trabajo dependiente del Ministerio de Empleo y Seguridad Social del Gobierno de España. Así que enumero las más importantes dentro del ámbito del trabajo en oficinas:

◆ Coloca todo el equipamiento de forma estratégica sobre el escritorio para promover el buen flujo de trabajo y la facilidad de uso. Ten en cuenta si escribes con la derecha o la izquierda, y que los movimientos que tengas que hacer para escribir o mover el ratón sean los mínimos. Tus hombros deben estar libres de movimiento, sin forzarlos.

◆ Intenta que el tamaño del ratón encaje en tu mano con comodidad y que tu muñeca no descanse sobre bordes afilados. Existen en el mercado esterillas para el ratón que incluyen una almohadilla para proteger las muñecas.

◆ Asegúrate de que el monitor está a una altura adecuada: el borde superior de la pantalla debe quedar a nivel de los ojos o un poco más abajo. Así se supone que tus ojos no están forzados a mirar ni más arriba ni más abajo.

En cuanto a la silla:

◆ Si eres de los que les gusta con apoyo para los brazos como a mí, asegúrate de que no te va a entorpecer a la hora de abrir cajones o de sacar el teclado en una bandeja extraíble. Todo lo que suponga movimientos extra puede afectar a tu musculatura a lo largo del día.

◆ Los bordes superiores e inferiores del respaldo deben ser cómodos. Evita los bordes agudos.

◆ El respaldo debe cubrir tu zona lumbar y se debe inclinar hasta 15 grados. No debe ser demasiado ancho y restringir la movilidad de los brazos.

◆ Cuando estés en posición vertical o con un poco de inclinación hacia adelante, el respaldo debe dar apoyo a la toda la espina dorsal y debe ser amortiguado.

◆ La altura del asiento debe ser ajustable y permitir un espacio de 2 cm debajo de la corva.

◆ El asiento ha de ser un poco más ancho que la cadera y no debe ser de un material que impida que te deslices con ciertos tejidos. Además, debe quedar un espacio libre de aproximadamente 10 cm entre las piernas y el borde del asiento, para evitar pellizcar los nervios.

◆ Sería ideal poder deslizar la silla hacia atrás, aunque se aconseja que no tenga ruedas. Deja espacio bajo el escritorio para mover las piernas, de 60 a 70 cm de profundidad.

◆ La diferencia entre las alturas del asiento y del escritorio debe ser ajustable. La altura conveniente para un escritorio es entre 67 y 75 cm. Pero una vez más, sentido común. Cada uno tiene sus propias dimensiones. Lo ideal es que el escritorio te quede a la altura de los codos para no forzar tu musculatura.

Este también es un tema importante a contemplar por los emprendedores que ejercemos la actividad desde el domicilio particular. Solo por estar tranquilamente trabajando en casa no significa que no debamos tener en cuenta ciertas consideraciones en el ámbito de la prevención de riesgos laborales, y no hablo solamente de los comentados anteriormente relacionados con la fatiga, el estrés mental y las enfermedades de tipo postural.

Ya he comentado que un espacio desordenado no siempre implica una persona desorganizada; que el orden es una apreciación más bien estética que está relacionada con una expectativa completamente subjetiva, por la cual los elementos de ese espacio tienen una correlación determinada, ya sea de mayor a menor, en orden alfabético o por colores. Últimamente también se está identificando orden y organización con el nivel de minimalismo: cuanto más minimalista, más organizado, lo cual tampoco comparto.

Lo que sí está comprobado por estadísticas es que cuanto mayor desorden, más accidentes de trabajo. Entre un 20 y un 25% de los accidentes que se producen son golpes y caídas como resultado de ambientes desordenados o sucios, suelos resbaladizos, materiales colocados fuera de su lugar y acumulación de material sobrante o desperdicios. Si, además, trabajamos con productos combustibles o inflamables, nos encontramos ante un factor importante de riesgo de incendio que puede poner en peligro tu hogar y tu familia, y el de tus vecinos o tu pequeño patrimonio empresarial.

A continuación, te daré unos cuantos consejos para que mantengas a raya el orden y la limpieza en tu espacio de trabajo, ya sea en una zona dentro de tu casa como en un pequeño local que tengas alquilado:

◆ **No deberías bloquear con cajas o muebles ninguna ventana ni puerta** que pueda funcionar como salida de emergencia. Por sentido común, tampoco deberías entorpecer el paso para poder utilizarlas en todo momento, ya sea para salir en caso de peligro o para ventilar.

◆ **Deberías programar un mantenimiento de limpieza de tu lugar de trabajo**, en especial del suelo para evitar posibles resbalones, sobre todo si trabajas con materiales que puedan verterse o salpicarlo. Presta atención especial al tipo de suelo y a las necesidades que cada uno necesita. Hay suelos más resbaladizos que necesitarán que actúes con mayor rapidez. Lo mismo es aplicable para paredes o techos.

◆ **Elimina lo innecesario y coloca adecuadamente lo que sea útil**. La ubicación puede hacerse con los criterios de a) frecuencia de uso: más cerca lo que más uso, más lejos lo que uso de forma ocasional y b) cantidad: más lejos los recambios o excedentes de material.

◆ **Iguales con iguales**. Almacena juntos los objetos que usas juntos y, a ser posible, colócalos en la secuencia en la que los utilizas. Un buen ejemplo podría ser el carrito de material que le prepara una enfermera al cirujano.

◆ **Considera sistemas que faciliten que el objeto vuelva a su sitio cuando no se necesite**. Por ejemplo, coloca una cadena en la grapadora si es un utensilio que han de usar varias personas en el mismo lugar y cuesta que siempre la dejen donde toca.

◆ Debes tener en cuenta la **conveniencia del almacenaje**, usar cajas que sean suficientemente grandes para el material y que se pueda guardar sin tener que hacer una ecuación antes para ello.

◆ **Guarda las cosas, a ser posible, teniendo en cuenta su función**, para así evitar hacer movimientos innecesarios al estar realizando la misma tarea.

◆ **Aprovecha al máximo el espacio vertical**, con paneles y estanterías para liberar las zonas de paso.

◆ **Coloca etiquetas** para indicar al resto de la familia o a posibles colaboradores dónde está cada cosa y que sean conocedores del sistema de organización.

◆ En el caso de reutilizar botellas o envases para rellenar con material tóxico o simplemente diferente al original, **etiquétalos de forma clara** y evidente para evitar errores o posibles accidentes por ingestión.

◆ Mentalízate de que «no es más limpio quien más limpia, sino quien menos ensucia» e intenta **interiorizar la limpieza** como algo habitual y no «cuando toca». Si ensucio algo, lo limpio inmediatamente, porque no se trata de un tema de imagen o de orden simplemente, sino de uno mucho más importante: higiene y seguridad en el trabajo.

Trabajas desde casa y no tienes sitio para desarrollar tu negocio.

Trabajas desde casa y, esta, además, es pequeña. Si ya te has deshecho de alguna que otra pertenencia, te recomiendo que vuelvas a hacer el proceso comentado de visualizar, escribir, priorizar y volver a purgar al máximo, preguntándote si realmente necesitas todo lo que te quedas. Si una casa o una oficina tienen más cosas de las que caben, no importa el tiempo o el dinero que inviertas para organizarla, siempre se verá abarrotada.

Sí, todos tenemos un montón de cosas que nos gustan, pero cuando has de reducir un espacio a lo esencial, no hay tantas cosas que necesitemos para nuestro día a día. El objetivo, si dispones de un recinto muy reducido, es conseguir el mayor espacio libre posible para poder ejercer tu negocio. Cuando vuelvas a hacer esa segunda pasada de purga, ayúdate de estas preguntas para tomar decisiones de si te quedas con algo o no:

«¿Uso esto? ¿Me gusta todavía?».

«¿Cuándo fue la última vez que lo utilicé?».

«¿Podría volverlo a conseguir fácilmente?».

«¿Podría venderlo y recuperar parte de su valor?».

«¿Podría donarlo a alguien que realmente le sacara partido?».

«¿Si me deshago de esto, ¿lo echaré de menos?».

Otro elemento esencial a la hora de conseguir más espacio físico es la digitalización de documentos. Si eres una persona que prefiere la información en papel —como yo—, puede que esta opción te resulte difícil de adaptar a tus sistemas, pero no es necesario que digitalices el cien por cien de tus documentos. Siempre puedes mantener en papel todos los que uses diariamente o que sea mejor mantenerlos en

formato impreso. Se trata de crear el sistema que se adapte a ti, a medida de tus necesidades.

Por ejemplo, puedes digitalizar todos tus archivos de carpetas colgantes —documentos que no has de consultar frecuentemente, pero que debes conservar—, fotos, vídeos o películas, y pasar a consultar revistas *online* en lugar de en formato impreso, así como *e-books*. Tan solo realizar este paso te puede liberar de gran cantidad de espacio. La única precaución que debes tener es la de hacer copias de seguridad periódicamente. Hablaré sobre el tema de la digitalización de documentos más adelante.

Una vez hecha la purga final y digitalizada al máximo la información, es momento de maximizar el espacio. A continuación, te dejo unos cuantos trucos de organizadora profesional para conseguirlo:

◆ **Aprovechar el espacio vertical**. El espacio vertical es tu mejor amigo cuando vives en lugares reducidos. Imagina cómo crear almacenamiento en las paredes, en las puertas, en los laterales y en la parte de atrás de los muebles e, incluso, en el techo. Intenta encontrar algún espacio libre en cualquiera

de esos lugares que te acabo de mencionar. Si ves un espacio en blanco, ¡has encontrado una oportunidad para almacenar u organizar algo!

◆ **Espacio debajo de las camas**. El espacio debajo de las camas o de los muebles es una gran oportunidad para organizar cosas. No tiene mucho *feng shui*, pero al fin y al cabo es almacenamiento.

◆ **Guardar cosas dentro de otras**. Por ejemplo, usa una maleta vacía o maletín para guardar bolsos o mantas. También puedes colgar dos camisas en la misma percha o archivar más de una categoría en las carpetas colgantes de tu archivo, separando los documentos con carpetas manila.

◆ **Muebles con capacidad de almacenaje**. Elige muebles funcionales que ofrezcan, además de su utilidad inicial, gran capacidad de almacenaje. Por ejemplo, una banqueta sirve para sentarse, pero además puede contener un montón de juguetes de los niños. Un otomán puede usarse como mesa de centro en el salón y almacenar también fotos, juegos de mesa, los DVD, la mantita para el sofá o tu material de oficina.

◆ **Muebles con doble funcionalidad**. Cuando el espacio es limitado, otra forma de conseguir maximizarlo es usar muebles que combinen dos funciones en una. Por ejemplo, en lugar de tener una habitación para invitados con su cama, in-

vierte en un sofá cama para tu sala de estar. O sustituye la cama de la habitación por una del tipo Murphy para poder usar el espacio como despacho cuando la cama esté levantada. Esta es una solución algo menos económica, pero seguro que es más caro comprarse una casa más grande o alquilar una oficina para poder trabajar.

◆ **Encuentra almacenaje donde sea**. Lo que necesitas es que tu negocio y el día a día de tu hogar funcionen. *Donde sea* significa almacenar algo desde la cocina hasta el armario. Aunque lo ideal es organizar por categorías, si nos tenemos que ajustar a un espacio reducido, deja de mirar revistas y oficinas enormes, y sé realista. Si debes guardar las facturas de clientes en un armario de la cocina porque has purgado todas las fiambreras que no usabas y tienes el espacio libre, pues guárdalas ahí. En una situación ideal, en el armario de la cocina solo van cosas de la cocina, pero de momento, en una situación de espacio reducido, es necesario que lo hagas así. Lo que importa ahora es continuar con tu negocio e ir mejorando poco a poco.

Conclusión

Uno de los grandes beneficios de trabajar desde casa es que tienes la posibilidad de tomar decisiones sobre dónde y cómo establecer tu oficina. No tienes por qué hacer lo que otro cree que deberías hacer. Las dos ideas más importantes con las que deberías quedarte son las siguientes:

1. Separa tu casa de tu negocio.

2. Tu oficina ha de ayudarte a que trabajes de manera más efectiva. Después de todo, si la vas a usar solo tú, debe estar hecha a tu medida.

◆ Cumplimenta tu hoja «Mi nueva oficina en casa»:

MI NUEVA OFICINA EN CASA

◆ Lista de posibles espacios o habitaciones donde instalarme:

	Elección final
Posibilidad nº 1	☐
Posibilidad nº 2	☐
Posibilidad nº 3	☐

◆ Lista de cosas a tener en cuenta:

1	5
2	6
3	7
4	8

◆ Lista de material a incluir:

1	5
2	6
3	7
4	8

Dibujo de cómo queda mi oficina, separado por zonas de trabajo:

PAPELES BAJO CONTROL

Uno de los temas más temidos y que producen mayor agobio es el archivo de papeles. Vamos a ver cómo controlar y procesar la entrada de documentos —el «centro de procesamiento»—, cómo decidir qué sistema de archivos encaja mejor con tus necesidades, por qué un archivo por vencimientos te puede salvar la vida o qué hacer con los montones de tarjetas de visita.

Configurar un sistema de proceso de documentos

Incluso teniendo en cuenta que muchas cosas puedes almacenarlas en formato electrónico, el papel aún es importante y, si no lo tienes organizado, puede apoderarse de tu oficina. Si hay desorden por todas partes, no encontrarás lo que necesitas y volverás a sentir frustración. Los montones de papeles a la vista evitan que puedas pensar con claridad, priorizar o mantener la concentración, ya que allá donde mires te recordarán que tienes algo más que hacer. Además, una de las cosas más frustrantes es buscar un papel que sabes que está por algún lugar, pero no aparece. Normalmente, consecuencia de la ofuscada búsqueda, acaba todo aún más desordenado y el papel no estaba donde se suponía que tenía que estar. Así que aquí tienes unas cuantas sugerencias para mantener los papeles bajo control:

No atesores papeles

◆ No imprimas lo que puedas almacenar en formato digital o que puedas recuperar *online*. Incluso valora la posibilidad de escanear documentos para no tener que procesar, categorizar y archivar absolutamente todo lo que recibes.

◆ Si estás suscrito a publicaciones, valora si sigues interesado en recibirlas o si prefieres seguirlas en formato digital.

◆ Si recibes publicidad en el buzón a tu nombre, haz que te borren de sus listas.

◆ Deshazte de todo lo innecesario. No guardes sistemáticamente todo lo que llega a tus manos.

Los estudios revelan constantemente que el principio de Pareto (la regla del 80/20) es cierto: el 80% de los papeles que guardamos solo los revisamos una vez, es decir, los archivamos y los olvidamos —una completa pérdida de tiempo y de espacio, por cierto—. La manera más fácil de controlar el papel es reciclar todo lo que puedas y tan pronto como puedas. Cuanto mayor exceso de papel tengas en tu oficina, más dificultad tendrás para encontrar los pocos documentos que realmente necesites.

No mezcles los negocios con lo personal

Con el fin de simplificarte las cosas, no mezcles los documentos de tu negocio con los papeles relacionados con tu casa o familia. No tendría mucho sentido estar buscando el expediente de un cliente, con él al teléfono, teniendo que ver la factura de la reparación de la lavadora o el seguro del piso.

Aún tiene más sentido si lo valoras desde el punto de vista contable. Seguro que ya tienes suficiente trabajo como para, además, prestar atención a si se trata de una factura de teléfono de empresa o de la familia. Así pues, guarda los ficheros personales y los de tu negocio en archivadores separados.

La bandeja de entrada

Este es uno de los proyectos que más implemento con mis clientes y, sin duda, el que produce mayores beneficios en su productividad, los libera de estrés y aumenta su sensación de control. Se trata de crear las mismas categorías y títulos en tu sistema de archivos físicos y en los archivos de tu ordenador. Te resultará muchísimo más fácil localizar lo que deseas, ya que los sitios donde puedes buscar son limitados, es decir, si lo que buscas no está en papel físico y tampoco en tu ordenador, es que sencillamente no lo tienes. No hay nada más agobiante que perder un montón de tiempo buscando por todas partes algo que no aparece porque ¡tú no lo tienes!

Archiva más rápido

En función del criterio con el que normalmente necesites recuperar documentos, valora la posibilidad de archivar por nombre o por meses. Como norma general, es mejor archivar por fechas que por nombre porque es mucho más fácil. A la mayoría de nosotros nos han enseñado a archivar las facturas por proveedor; las del teléfono o las del *hosting* juntas, por ejemplo, pero es muchísimo más fácil y rápido el proceso de archivo por mes, es decir, todo enero junto, luego febrero, etcétera. A la hora de encontrar un documento en particular, puede ser más difícil si no dispones del dato de la temporalidad, y quizás tengas que revisar un par de archivos diferentes, pero la realidad es que no es habitual que necesitemos facturas pasadas, por lo que el tiempo de archivo que te ahorras compensa con creces el tiempo que puede ser que pases buscando en el archivo.

En lo referente a los proyectos en los que estés trabajando, utiliza sistemas de almacenamiento vertical en tu escritorio y evita apilarlos en bandejas horizontales. Cuando recopiles información relacionada con ese proyecto, agrupa todos aquellos papeles que estén relacionados en una carpeta, etiquétala y colócala en ese lugar de manera vertical, a la espera de que puedas dedicarte a él.

Los organizadores verticales son ideales para mantener tus proyectos recogidos del escritorio cuando estás trabajando en otra cosa, ya que al mismo tiempo los tienes a la vista y accesibles. Al contrario, con los sistemas de almacenamiento horizontal de bandejas, una vez que añades algo, corres el riesgo de olvidar lo que hay debajo. Además, ocupan mucho más espacio en tu escritorio.

Independientemente del sistema que vaya más con tu estilo organizativo —lo veremos más adelante en detalle—, vertical u horizontal, no almacenes todos los proyectos en los que estás trabajando por encima del escritorio, aunque estén ordenados. El escritorio debe mantenerse despejado. Los montones de dosieres y expedientes desperdigados solo nos recordarán que tenemos trabajo inacabado y resultará tan desmoralizante que te hará sentirte sin fuerzas y no te centrarás en lo que es realmente importante.

Este es, sin duda, otro de los proyectos sencillos de implementar y que producen grandes cambios. En realidad, es un sistema antiguo con el que yo he trabajado en diversas ocasiones para organizar papeles que requieren una acción concreta en un día determinado. Por ejemplo, ¿dónde y cómo puedes guardar pedidos aplazados para clientes? Aún hay muchas empresas en las que, debido al proceso de producción, necesitas imprimir un pedido y guardarlo varios días, pero, sobre todo, acordarte de continuar con el tema en una fecha exacta. Si no tienes un sistema donde guardarlos, estos documentos acabarán una vez más en forma de montoncitos encima de tu escritorio o en un cajón, y eso es una garantía de desorden y múltiples errores en tu negocio, lo que, al fin y al cabo, no es más que una pérdida de dinero. Este sistema funciona también perfectamente para control de eventos familiares, como invitaciones, papeles con los que has de acudir a una cita al médico, una lista de lo que necesitas preparar para la excursión del día X, etc.

Triunfa con un archivo por vencimientos

Un archivo por vencimientos viene a ser una manera de «enviarte notitas a ti mismo al futuro». De esa manera, puedes estar tranquilo porque ese día llevarás a cabo lo que sea necesario. Por supuesto, ya habrás podido deducir que necesitas consultarlo todos los días o no funcionará.

Cómo funciona

Es un archivo, ya sea de carpetas colgantes, de acordeón, caja o anillas —este último es mejor si no tienes un gran volumen de papel—, que debe contener carpetas numeradas del 1 al 31, correspondientes a los días del mes, y luego doce carpetas más etiquetadas con los nombres de los meses del año —de enero a diciembre.

Cuando te llega un papel que requiere una acción durante el mes, lo colocas en el número de día que corresponda y, si es para otro mes, en la carpeta pendiente. Al final de cada mes, saca los papeles de la carpeta del mes siguiente y distribúyelos atendiendo al día. Es importante que tengas en cuenta si la acción requerida debe comenzar un día antes o dos a su vencimiento, ya que esa será la fecha clave. Por ejemplo, si debes enviar un pedido a Galicia y tarda dos días, coloca el pedido dos o tres días antes del vencimiento o día de entrega al cliente, que será cuando tengas que iniciar tú las acciones. También convendría combinar todo esto con tu planificador o calendario para tender al cero errores.

Inconvenientes

◆ **Es un sistema poco visual**, que puede no satisfacer a aquellos que necesiten ver el documento para acordarse de que tienen que hacer algo relacionado con él. Recomiendo tenerlo encima del escritorio, a mano, para poder irlo revisando a menudo si así se reduce la sensación de descontrol.

◆ **Necesita mantenimiento**: Cambiar de sitio las carpetas y los documentos del interior. Olvidar colocar en su día algunos papeles puede provocar desatender tareas.

◆ **Un vacío que puede plantear** este sistema es cuando tienes un documento que debe ser accionado en el futuro, pero que no tiene una fecha específica.

El sistema no lo especifica, pero en la empresa donde una vez trabajé encontramos la solución: añadimos una carpeta delante de todas las demás que ponía «pendiente» y la revisábamos cada día, junto con la del día que tocaba.

Así pues, como cualquier otro, puedes adaptar este sistema a tus necesidades. Es más, debes hacerlo, por lo que si en lugar de carpetas diarias te va mejor hacer carpetas por semanas, quincenas o meses, solo tienes que adaptarlo.

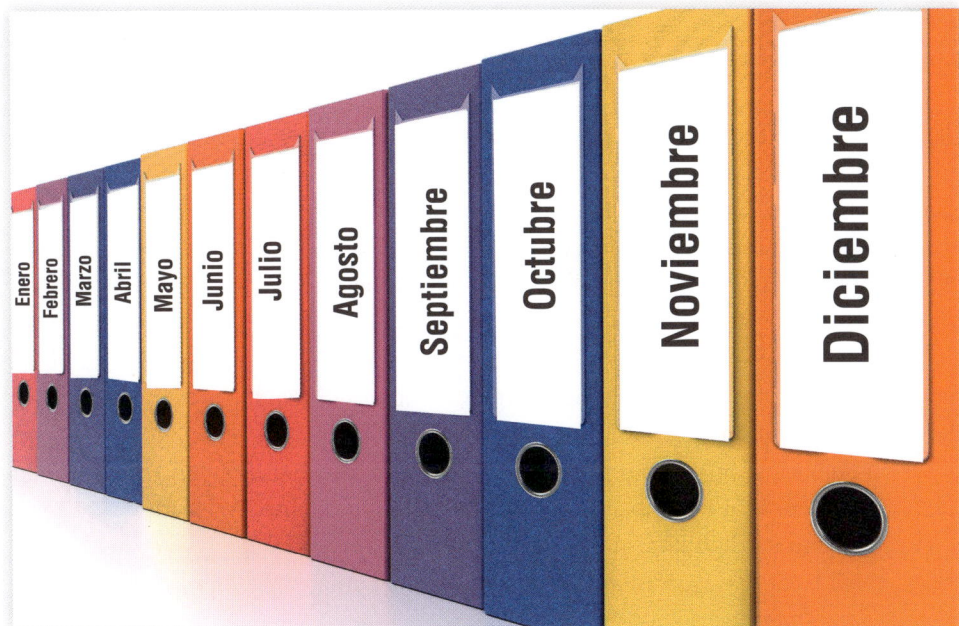

La ayuda, cerca

Tendrías que mantener cerca de cada equipo el manual de instrucciones, porque cuando algo se avería o no sabes cómo hacer un procedimiento, suele ocurrir siempre en el momento más inoportuno. Entonces, necesitas encontrar el manual y no ponerte a buscar en una estantería entre docenas de ellos, perdiendo el tiempo y la concentración. La idea es que guardes las instrucciones de aparatos y dispositivos cerca de donde los utilices, o donde te resulte fácil consultarlas.

Mantén a raya las tarjetas de negocios

La mayoría de los empresarios almacenan grandes cantidades de tarjetas de negocios que aparecen esparcidas por cualquier lugar: por encima del escritorio, en cajones, en cajas —en un intento de organización—, y en cualquier otro rincón de la oficina. Pero ¿por qué las guardamos? Porque queremos hacer negocio con posibles clientes, para generar beneficios comerciales, así que organízalas. Recicla todas aquellas que ni te suenen, y con el resto intenta generar categorías que tengan sentido para ti. Hay infinidad de sistemas para organizarlas, desde archivadores de plástico específicos, archivos rotativos, carteras o cajitas en modo DIY. A tu elección: debe ser un sistema con el que te sientas a gusto a la hora de guardar y recuperar información, «a tu estilo». Hay quien prefiere escanearlas y crear un sistema digital de gestión de contactos. Ya hay varias aplicaciones para *smartphones* que te permiten hacerlo.

Configura un sistema de flujo de trabajo

Establecer un sistema de flujo de trabajo en una oficina desde casa —o en un negocio— es una de las tareas más difíciles en cuanto a organización, porque implica grandes cantidades de papeles. Cada documento es diferente y conlleva diversas acciones y/o responsabilidades. Así que no podemos aplicar un patrón común de clasificación o gestión, y dar con el sistema adecuado puede ser todo un reto.

El tema clave es el siguiente: necesitas un sistema de flujo de trabajo en cada oficina o lugar donde haya una entrada de papeles o documentación. Si recibes tanto en casa como en la oficina, entonces tendrás que establecer dos sistemas diferentes. Si llegan papeles y los guardas en la cocina —quizá relacionados con la escuela de tus hijos—, necesitarás un sistema de gestión para la cocina. A pesar de que todo el mundo tiende a digitalizarlo todo, sinceramente no conozco a nadie que no necesite un sistema para gestionar la entrada de papel en su casa. Si usamos papeles, entonces necesitamos un sistema.

Estos son los pasos a seguir:

1. **Categorizar**. Intenta averiguar cuáles son los tipos de documentos que tienes. Se trata en este primer paso de entender qué clase de documentación entra en tu oficina. Para hacerlo más fácil, voy a dividir los tipos de documentos que nos podemos encontrar, utilizando como ejemplo una oficina tradicional de un emprendedor.

   - Correo entrante: facturas, notificaciones.
   - Correo entrante: tarjetas de felicitación físicas (agradecimiento, vacaciones).
   - Correo entrante: revistas.
   - Correo entrante: catálogos.
   - Correo entrante: descuentos.
   - Correo entrante: medios de pago.
   - Hojas impresas de proyectos en curso.
   - Hojas impresas de proyectos futuros que aún no puedo iniciar.
   - Recibos físicos personales.
   - Recibos físicos de trabajo.
   - Listado de tareas pendientes semanales impresas.
   - Listado total de tareas pendientes impresas.
   - Calendario editorial de trabajo.
   - Tarjetas de visita de varios eventos y conferencias.
   - Fotos impresas de la familia pendientes de categorizar.

   Realmente, es una larga lista, y lo que es aún peor es que muchas de esas categorías incluyen más de diez papeles cada una. Por ejemplo, las «impresiones de proyectos futuros» ¡suelen ser bloques de papeles de 50-75 páginas! Combina eso con unos 100 tiques o facturas de trabajo que suelen tener algunas personas, 50 tarjetas de visita solo del mes pasado y un montón considerable de papeles que han de ser archivados... ¡Mucho trabajo por hacer.!

   Mientras vas creando la lista de todas las categorías de papeles que tienes en tu oficina, es el momento de hacer una buena purga. Por ejemplo, si agarras un bloque de papeles y los revisas para decidir a qué categoría pertenecen, y en ese momento te das cuenta de que ya no los vas a necesitar, es la ocasión para destruirlos, reciclarlos o tirarlos.

2. **Asignar un lugar**. Ahora es el momento de identificar todas aquellas categorías que no tienen su «lugar», es decir, aquellas que están siempre por encima de la

mesa en montoncitos o por el suelo, siempre formando pilas aleatoriamente. En el caso de mi oficina, todo tiene su sitio, pero vamos a imaginar que las «impresiones de proyectos en curso» no tienen un sitio «oficial» donde ser guardadas cuando no estoy trabajando en ellas. Son pilas de papeles que necesito cuando estoy trabajando en ciertos proyectos activos. Puede ser información adicional que he encontrado, un esquema del proyecto o un calendario de eventos. Lo que está claro es que el conjunto de esos papeles corresponde al «proyecto 1» y, por lo tanto, debo mantenerlos juntos.

¿Dónde debería guardar este grupo de papeles que están relacionados? Teniendo en cuenta que los considero de uso frecuente, puesto que son proyectos en los que estoy trabajando cada día, tengo que ubicarlos cerca del escritorio para poder acceder a ellos fácilmente cada mañana cuando me pongo a trabajar. Dicho esto, puedo guardarlos en un archivador en una estantería encima del escritorio o en una carpeta manila que descanse de forma vertical en mi mesa con ayuda de algún utensilio de sobremesa. Aquí depende de tu estilo organizativo y de tus gustos elegir el método. Te daré más claves para escoger más adelante. Lo que está claro es que cuando es fácil acceder a la documentación, pierdes menos tiempo buscando y no procrastinas a la hora de guardar las cosas una vez que has terminado de usarlas.

Obviamente, lo que tienes que evitar entonces es guardar todo aquello que usas con frecuencia en un lugar de difícil acceso, como por ejemplo un archivador de carpetas colgantes abarrotado y cerrado con llave, o dentro de un armario a varios pasos de tu silla. Te podrías encontrar con dos problemas:

a) Por un lado, supondría una dificultad a la hora de acceder a la documentación, y a la hora de guardarla, con lo cual puede que volviera a acabar «por ahí encima».

b) Por otro lado, también provocaría que esos proyectos, supuestamente importantes —porque están abiertos y en proceso—, estén fuera de tu vista y, por lo tanto, sean susceptibles de que te olvides trabajar en ellos si eres una persona visual o que no lleves un control exhaustivo de tus tareas y una buena programación de tu tiempo.

El principal objetivo en este paso es asegurarte de que cada papel o documento que entra en tu oficina tiene un lugar donde ser guardado, de fácil acceso y visible —sobre todo si eres una persona «fuera de la vista, fuera de la mente»—. Este es el secreto de mantener tu escritorio libre de desorden y de pilas de papeles. Si esos papeles no tienen un lugar donde descansar, continuarán pululando libremente y distrayéndote, confundiéndote y, en definitiva, disminuyendo tu productividad día a día. Este es el paso más importante y el que te llevará más tiempo.

3. **Etiquetar el sistema**. Ya hemos identificado los tipos de documentos que tenemos y hemos buscado un lugar a cada tipo de papel que entra en la oficina, así que ahora toca etiquetar ese sistema para no olvidar dónde van las cosas. Por ejemplo, has decidido que todos los tiques de compras personales los guardarás en un sobre situado dentro del cajón superior de tu escritorio. Entonces, escribe en el sobre «tiques personales» para no olvidar dónde los has de colocar. Repite el proceso para todos los demás lugares asignados.

En aquellos lugares donde resulte bastante «encajado» el espacio, como un cajón por dentro o un armario, ayuda bastante tomar una fotografía cuando todo está en su lugar, porque te servirá de recordatorio de cómo estaba todo colocado si algún día se desordena o vacía. Por ejemplo, en el caso de un cajón con separadores para el material de oficina no es muy eficiente llenarlo de etiquetas; es mejor tomar una fotografía y, en el supuesto de vaciarlo para limpiar, por ejemplo, conservamos la referencia de cómo volver a colocarlo todo sin necesidad de tener que escribir qué bolígrafo va en qué lugar.

Como consejo para etiquetar, usa un texto que sepas de antemano que entenderás. Por ejemplo: «facturas aquí» o «papeles para archivar van aquí». Usa tu propio lenguaje en lugar de escribir algo ambiguo o genérico cuyo significado puede que olvides.

4. **Mantenimiento**. Esta es la parte más dura, sin embargo, la que va a producir los grandes cambios que se verán reflejados en el aspecto de tu escritorio a largo plazo. Si no tienes un buen mantenimiento de los papeles que entran en tu oficina, tu escritorio volverá a las andadas y tendrá el mismo aspecto que cuando estabas desorganizado. La forma más fácil de mantener tus documentos organizados es hacer un poco cada día. Esta es la rutina que yo hago diariamente: al finalizar mi jornada de trabajo, invierto diez minutos —o menos— en recoger todos los documentos con los que he estado trabajando. Raramente dejo algún papel encima del escritorio, porque me gusta llegar al día siguiente y empezar a trabajar con un escritorio despejado —y mente despejada—, y ordenado.

Plan de acción: Programa el tiempo en tu horario para categorizar, ubicar, etiquetar y crear un mantenimiento para tus documentos en tu oficina. Ya tendrás establecido un flujo de trabajo.

Gestiona documentos que recibes constantemente y a los cuales necesitas acceder con frecuencia

Si necesitas acceder a ciertos documentos con frecuencia, te sugiero archivarlos en archivadores de anillas. No te aconsejo carpetas de fuelle o carpetas colgantes, que son más complicadas de usar. Lo ideal sería utilizar un archivador por cada categoría que pienses que vas a necesitar y crear subcategorías mediante los separadores. Puedes usarlos tamaño A4 o A5; estos últimos son mucho más manejables para tomarlos y utilizarlos fácilmente cuando lo necesites. Mi archivador preferido para los documentos que preciso tener muy a mano es la carpeta canguro de plástico —PP—, de tamaño DIN A4 maxi, 30 mm de lomo y cuatro anillas. Se puede personalizar introduciendo láminas o dibujos en la bolsa transparente que lleva en la portada. Para el resto de categorías que pudieran contener más cantidad de documentos usaría archivadores que tuvieran entre 30 mm y 45 mm de lomo. Para mí son demasiado grandes a partir de 65 mm y me parece que las páginas no se pasan igual de bien. Además, son más incómodos a la hora de manejarlos, pero esto es simplemente una preferencia personal.

En el caso de que trabajes de cara al público o asistiendo a más personas directamente, y no necesites llevar contigo todos los papeles, te aconsejo instalar cerca de tu escritorio —o encima, o en la pared— algo parecido a estos dos módulos con varias divisiones o compartimentos para poder crear diversas categorías. Son de fácil acceso, visibles y admiten varios tamaños de papel.

Plan de acción: Haz un inventario de aquellos documentos que necesites usar con frecuencia y valora si usarás un método portátil o fijo. Luego, pasa a la implementación.

¿Necesito una destructora?

A todos nos llega el famoso correo basura. El formato digital es fácil de destruir, simplemente lo arrastramos a la papelera, pero cuando es un papel conviene pensar un poco más en cómo lo hacemos. Puede ser algo que no resulte interesante, pero que contenga información personal y convenga destruirlo a conciencia, y aún más después de la entrada en vigor del nuevo RGPD, según el cual es muy importante el tratamiento de los datos personales, que incluye no solo la captura, sino también el almacenaje, la destrucción y la eliminación responsable para evitar posibles pérdidas o robos de la misma. Por ejemplo, ofertas de tarjetas de crédito que no hemos pedido, ofertas de planes de pensiones o, incluso, un listado impreso por nosotros mismos con datos de clientes para un estudio de marketing. Podríamos romperlos directamente a mano en pedacitos y tirarlos, pero, sinceramente, habiendo destructoras en el mercado, ¿para qué entretenernos en eso un solo minuto? Además, ciertos documentos conviene desmenuzarlos bien.

Si tu empresa o negocio ya tiene cierta envergadura, puedes contratar algún plan de servicios de empresas de destrucción de información, pero si eres un emprendedor que no reúne grandes cantidades, existen infinidad de modelos de destructoras en el mercado bastante económicas y que se pueden diferenciar por las siguientes características:

◆ **El estilo de corte.** Las trituradoras de papel pueden tener diferentes tipos de cortes. Si necesitas simplemente deshacer un papel sin que se borre demasiado, tienes las destructoras que cortan el papel en tiras anchas, pero si lo que quieres es que resulte algo completamente ilegible, entonces busca una que deje un corte en tiras finas o transversales. Eso sí, hay muchos otros tipos; por ejemplo, las que cortan en pedazos diminutos.

◆ **Ancho de entrada.** Aquí me refiero al espacio que vas a tener para meter los papeles a destruir. Hay varias medidas, lo cual te permitirá poder destruir más o menos papeles a la vez. Si destruyes muchos, quizá sea más adecuado tener una destructora grande; en caso contrario, mejor una pequeña.

◆ **Velocidad de destrucción.** En este caso, la potencia que se quiere para la destructora es algo más que importante porque podremos destruir más o menos rápido. También la potencia te permitirá saber si se destruye papel u otros materiales como grapas, CD, etcétera.

◆ **Otras características.** Nos podemos fijar también en otras características como es la notificación si se atasca el papel, si la cesta está llena u otros sistemas de seguridad en caso de que haya problemas, por ejemplo.

La que yo tengo es una AmazonBasics, que compré hace ya unos años y con la que estoy muy contenta. El modelo no está ya disponible en la web. Es una trituradora de microcorte para papel, CD y tarjetas de crédito con recipiente de desechos

—hasta ocho hojas—. Es cuestión de invertir algo de tiempo en la búsqueda de la mejor opción. Hoy en día las he visto hasta en los bazares orientales.

En cuanto a la frecuencia de uso, en mi caso, si estoy en la oficina, normalmente destruyo un papel en el momento en que lo quiero destruir, puesto que la destructora la tengo siempre enchufada en el suelo, al lado de la papelera. Tengo, además, activado el funcionamiento automático, así que es tan fácil como deslizar el papel por la ranura. La tengo a mi derecha, porque soy diestra. En el caso de que reciba algo que tenga que destruir y no esté en mi oficina, lo coloco en el revistero que uso como maletín de transporte por la casa y, cuando voy a la oficina a trabajar, lo destruyo. Si el hecho de destruir papeles no te resulta tan fácil como a mí, o por cuestiones de espacio debes tener la destructora en un lugar menos accesible, puedes ir acumulando los papeles en algún tipo de bandeja y programar la tarea rutinaria de una vez al mes o a la semana —en función del volumen de papel que acumules— realizar una «sesión de destrucción».

Cuando trabajaba por cuenta ajena, había una destructora bastante ruidosa para toda la empresa y, prácticamente, todos hacíamos sesiones de destrucción, para no estar molestando con el ruido constantemente y levantándonos del sitio. Yo usaba el último cajón de mi cajonera para ir colocando los papeles y, cuando no cabían o necesitaba hacer una parada, aprovechaba para destruirlos todos en bloque. Por supuesto, si generas grandes cantidades de papeles de los que necesitas deshacerte con mucha frecuencia y, además, que sean bien destruidos, no dudes en contratar un servicio externo que, además, trabaje conforme a las normas y estándares de calidad.

> **Plan de Acción:** Valora qué cantidad de papeles tienes que destruir y, guiándote por las características mencionadas, concluye si vale la pena invertir en una destructora o no, y qué modelo es el más adecuado para ti.

Cómo organizar proyectos para varios clientes

Si queremos trabajar en proyectos para varios clientes al mismo tiempo y ser competentes, muchas veces necesitaremos algo más que una lista de tareas. Una opción para gestionar estos proyectos, tanto si estamos solos en el negocio como si tenemos un equipo, es encontrar algún buen programa de gestión de proyectos, estable pero también flexible. Los programas de *software* libre son ideales porque, además de ser potentes, cuentan con una comunidad de desarrolladores detrás que pueden hacernos ahorrar bastante en costes.

He preparado una lista de herramientas de *software* libre para que puedas valorar si encajan con tus necesidades:

◆ **Coelabtive:** Es la alternativa gratuita a herramientas de pago como Basecamp. Permite importar desde esta e incluye funciones similares como la gestión de diferentes proyectos, los objetivos y las listas de tareas. También mide el tiempo dedicado a las tareas, emite informes y cuenta con varios *plugins* para extender sus funciones. Solo está disponible en inglés.

◆ **Project HQ:** También es similar a Basecamp. Puedes gestionar diversas empresas, miembros y proyectos. Contabiliza objetivos y listas de tareas. También es configurable visualmente usando CSS.

◆ **Gantt PV:** Es un programa simple, sin complicaciones, que se basa en diagramas de Gantt para planificaciones de proyectos y seguimiento de tareas. Está disponible para Windows, Mac OS X y Linux.

◆ **Clocking IT:** También funciona con diagramas de Gantt interactivos. Añade otras utilidades como contador de tiempo, varias formas de comunicación, seguimiento e indexación de los cambios, e informes bastante completos de progresos. Está disponible en 14 idiomas, entre ellos el español.

◆ **TeamWork:** Tiene una excelente interfaz. Te permite hacer un seguimiento de distintos proyectos y equipos de trabajo, con una versión optimizada para acceder desde móviles. Tiene licencias gratuitas para organizaciones sin ánimo de lucro y *bloggers*. Disponible para Mac OS X, Linux y Windows.

◆ **Achievo:** Disponible en 20 idiomas, además de la utilidad de gestión de proyecto, que divide según el tiempo de su ejecución. Incluye calendarios, estadísticas, plantillas y notas. No hay tarifas de licencia o limitaciones para su uso.

◆ **dotProject:** Otra herramienta basada en la web. Lleva un tiempo y no hay ninguna empresa detrás de ella, estando sostenida por voluntarios y usuarios. Permite la gestión para múltiples clientes, con herramientas para administración de tareas, agendas y comunicaciones.

◆ **GanttProject:** Este es un programa de escritorio multiplataforma que está disponible para Windows, Mac OS X y Linux, y es totalmente gratuito. Incluye diagramas de Gantt, asigna las personas que trabajarán en el proyecto y exporta los diagramas como imágenes, mientras genera informes en PDF y HTML. Permite coordinar tareas con Microsoft Project, importando y exportando a sus formatos.

◆ **TaskJuggler:** Un gestor de proyectos realmente potente y superior a otros que usan herramientas para editar diagramas de Gantt. Cubre todos los aspectos de desarrollo de un proyecto, desde la primera idea hasta su fin. Ayuda a medir su campo de alcance, asignación de recursos, esquema de costos y ganancias, riesgo y gestión de las comunicaciones.

◆ **Wrike:** La elección de las grandes empresas.

◆ **Trello:** Otro gestor de proyectos exclusivamente online. Su interfaz llama mucho la atención y simula la creación de pizarras o tableros en los cuales puedes crear notas a modo de post-it, que puedes incluso arrastrar de un tablero a otro. Puede recordar ligeramente a Evernote, pero no tan potente en el uso de las tags o etiquetas.

Hoy en día, prácticamente todo puede ser gestionado *online*, pero para la mayoría de los emprendedores creativos, hay algo especialmente atractivo en el hecho de gestionar los proyectos de una forma manual, es decir, que dicha gestión tenga una presencia física. Si eres de los que te identificas con la frase «fuera de la vista, fuera de la mente», tendrás la necesidad de mantener junta toda la información relacionada con un proyecto y ubicada en un espacio físico y a la vista, que te permita saber en qué situación está cada uno de ellos de un vistazo. Hay algunos métodos muy visuales, muy creativos y al mismo tiempo efectivos que te pueden encajar. Lo mejor de estos métodos es que son personalizables al cien por cien, cosa que nunca podremos conseguir con un *software*. He aquí unos cuantos:

◆ **Un método que uso mucho con mis clientes más visuales,** para organizar proyectos activos, es el de usar *clipboards* del tipo portapapeles Välbekant de Ikea, con toda la documentación relacionada con el proyecto y colgado en la pared para aprovechar el espacio vertical. Como método de seguimiento, siempre se puede crear una hoja de ruta como portada, con la lista de tareas ordenada por el criterio que corresponda, así como el resto de datos específicos para ese proyecto.

◆ **Otro método muy útil es el de usar revisteros,** también colgados en la pared. Yo utilizo mucho el modelo Kvissle de Ikea. Este método también resulta ideal si el proceso de trabajo con tus clientes ha de pasar por varias fases. Puedes

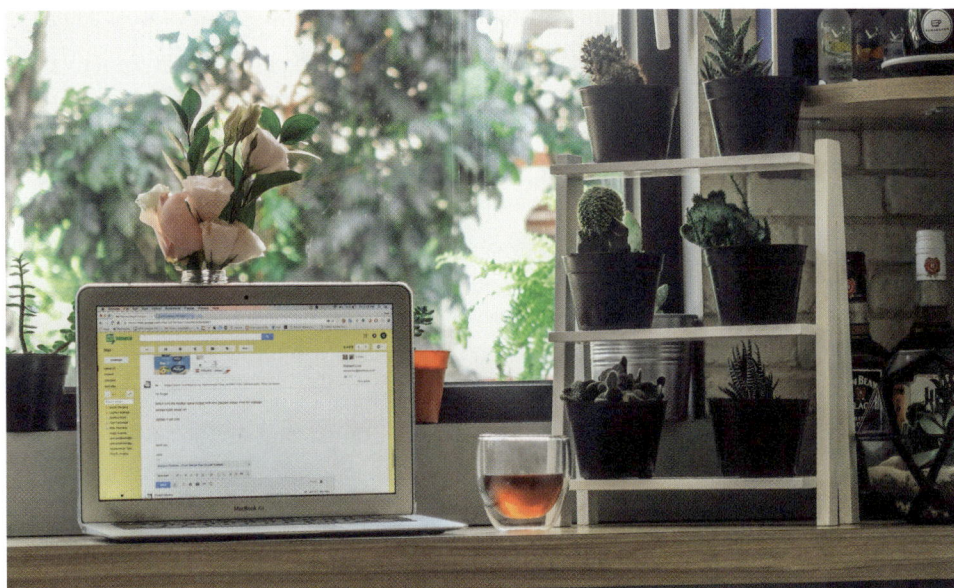

comprar tantos revisteros como fases tengas y en ellos introducir, en carpetas individuales del tipo manila o dosier, los documentos relacionados con cada cliente en particular.

◆ **Si el proyecto implica utilizar un tipo de papel mayor que DIN A4**, estamos algo más limitados en cuanto a material de almacenaje. Podríamos usar archivador de palanca Elba DIN A3 apaisado, cartón, lomo 80 mm o bien la opción horizontal de Exacompta, módulo 5 cajones A3 de 350 x 576 x 320 mm o, incluso, el revistero de pared del punto anterior, que también admite documentos medida A3.

✎ **Plan de acción:** Decide cómo te sientes más cómodo gestionando los proyectos para tus clientes: de manera digital, física o, incluso, mixta. Comienza poniendo en práctica alguno de los sistemas que te he mencionado y ve modificándolo sobre la marcha.

CONQUISTA TUS ARCHIVOS DIGITALES

En este apartado, con el que finaliza la primera parte del libro, vamos a organizar los archivos de tu ordenador. Aprenderás cómo crear un sistema para organizar tus documentos digitales; por qué deberías hacerlos coincidir con los archivos que tienes en papel, maneras fáciles de encontrar documentos extraviados, y cómo utilizar la tecnología para ahorrarte tiempo y problemas. Con esto finaliza la parte más «terrenal» de la organización de tu negocio. Una vez que hayamos puesto a raya el desorden reinante en nuestra oficina y, en consecuencia, en nuestro hogar, pasaremos a reordenar nuestros pensamientos, a fin de conseguir estar profundamente motivados para el día a día.

Conquistar los archivos de tu ordenador significa que los tengas organizados. Si no lo haces, perderás un tiempo precioso buscando documentos. Existen algunos programas en el mercado que, tras instalarlos en tu PC, realizan búsquedas y te pueden ayudar a encontrar los documentos perdidos. Son muy útiles, ya que rastrean en tu disco duro cual navegador en internet. Realmente te pueden salvar la vida si has de encontrar un archivo en tiempo récord. Algunos, incluso, son gratuitos. Sin embargo, no hay nada comparable con el gustazo de buscar un archivo y encontrarlo en segundos allí donde sabías que debía estar. Si pones en práctica los siguientes truquillos, ahorrarás mucho tiempo y complicaciones en lo referente a tus archivos digitales.

La imprescindible clonación

Lo ideal es clonar la estructura u organización de tus archivos físicos o en papel en el disco duro de tu ordenador para que, a la hora de guardar o recuperar un documento, nuestro cerebro —o nuestros colaboradores— no tenga que hacer el esfuerzo de recordar dos sistemas diferentes, con sus correspondientes categorías.

La mejor manera de crear un sistema de archivos es tal y como los artistas pintan un cuadro. Primero, trazos genéricos y muy amplios en los que no hay grandes detalles, pero se adivina exactamente lo que es. Luego, a medida que se va avanzando en la obra, se van añadiendo detalles. Pues en un sistema de archivos es exactamente igual. Al principio, hay que crear categorías lo más amplias o genéricas posible, para no tener que renombrar o cambiar constantemente o generar nuevas etiquetas, lo cual es una inversión de tiempo y para muchos, un engorro.

En los archivos digitales, suelo ser más específica a la hora de nombrarlos y añado algo más de detalles, para facilitar las búsquedas en el navegador de Windows. Es la única diferencia entre la estructura de archivos en papel y digitales. Además, me aseguro de que el nombre de todos mis documentos sea ridículamente fácil y deducible, para evitar abrir demasiados documentos ambiguos antes de dar con el bueno. Por ejemplo, evito tener archivos nombrados «Documento1.doc»; en lugar de eso, intento usar «Plantilla respuesta cliente que llama para consulta. doc».

Aunque el nombre del archivo pueda sonar tonto, resulta obvio de lo que trata el documento y, por lo tanto, me ahorra mucho tiempo, ya que no tendré que ir abriendo aleatoriamente archivos del tipo «Plantilla_1», «Plantilla_2» o innumerables «Documentox.doc».

Si sabes que tienes muchos archivos con nombres duplicados, hay un programa que se llama «Auslogics Duplicate File Finder» —muy intuitivo para usuarios no avanzados— que te ayuda a localizar los archivos duplicados y los borra o mueve de sitio. El problema es que dejas en manos de un programa la tarea de borrar un archivo que quizás no querías borrar, y es un proceso irreversible. En mi opinión, revisar y borrar manualmente es un procedimiento tedioso y que consume gran cantidad de tiempo, pero es la ruta más segura para tus archivos.

Normalmente organizar los archivos digitales es uno de los proyectos considerados enormes y va a tomarte bastante tiempo completarlo. Te sugiero fijarte el objetivo, por ejemplo, de pasar dos horas a la semana ordenando y categorizando. Quizás te parezca demasiado, pero cuando te des cuenta estarás mucho más cerca de tener en orden todo tu ordenador.

> **Plan de acción:** Programa trabajar en este proyecto en períodos diarios de no más de dos horas. Abre una segunda ventana para poder realizar las modificaciones y los cambios. Puedes hacer una impresión de pantalla del listado de carpetas para tener un índice impreso de tus archivos. Si lo prefieres mucho más detallado y paso a paso, puedes descargarte mi sistema de organización de archivos digitales en mi web.

La organización de archivos digitales

¡A la primera!

Cuando crees o te descargues un documento nuevo debes evitar, pues, en la medida de lo posible, que «desaparezca» o acabe guardado en un lugar desconocido en tu ordenador en el que jamás se te ocurriría mirar. Podrías usar el programa que te he comentado para encontrarlo, pero no tiene que ser tu primera opción.

La solución tampoco es que guardes absolutamente todo en el escritorio del ordenador, «porque ahí lo tienes controlado», ya que ¡estarás creando la versión digital de tus pilas de papeles en tu escritorio! Guárdalo todo siempre en una carpeta. Lo único que puede permanecer en el escritorio son carpetas muy genéricas o programas que uses a diario o, como mucho, semanalmente, tales como «Mis Documentos», tus navegadores preferidos, la papelera o tu programa de gestión de gastos.

El escritorio virtual, al igual que tu escritorio físico, ha de mantenerse despejado. Únicamente debería mostrar aquello que usas con mucha frecuencia; de lo contrario, se verá desordenado y solo será el recuerdo de infinidad de tareas pendientes de hacer y decisiones por tomar. Para usar el escritorio de manera eficiente, puedes usar los iconos de «acceso directo», que son atajos para llegar a todos aquellos archivos que uses con frecuencia, para no tener que hacer un montón de clics cada vez que los tengas que abrir. Siguiendo el ejemplo de los clientes, puede ser que necesites actualizar una hoja en Excel muy a menudo, en la que lleves el seguimiento de las acciones con uno de ellos. Creas entonces un acceso directo en el escritorio y, cuando acabes su proyecto, envías ese acceso directo a la papelera, pero el archivo original permanece en su sitio. Si aún no lo haces, créate el hábito de usar la opción de «abrir archivo -> guardar como» y luego nombrar el documento y ubicarlo en una carpeta con cualquier otra información con la que pueda estar relacionado.

Esto es importante: guarda todos los documentos que estén relacionados juntos, sin tener en cuenta el programa con el que los has creado. Por ejemplo, un expediente de un cliente —una carpeta— podría incluir presentaciones en PowerPoint, hojas de Excel, documentos en Word, fotos en JPEG, facturas en PDF, etcétera. Debes mantener todos estos archivos juntos, en la misma carpeta, la cual puede llevar el nombre de tu cliente. Cuando empieces a acumular unos cuantos de cada uno, sería el momento de crear subcarpetas, dentro de esa misma del cliente. Te podría interesar tener todas las facturas juntas en una subcarpeta, en otra todas las fotos, y así con el resto. Exactamente lo mismo que habrás hecho con tus documentos impresos.

Trucos para optimizar el tiempo y guardar información

Aunque sea relativamente sencillo buscar un archivo extraviado, lo más lógico e inteligente es que, cuando tengas que nombrar uno nuevo, elijas un término significativo, que sepas que recordarás meses más tarde cuando busques dicho archivo. De esta manera, ahorrarás muchísimo tiempo, ya que probablemente tu cerebro irá a buscarlo por el mismo nombre que elegiste al guardarlo, incluso aunque no lo recuerdes. Igualmente, si hay documentos relacionados con él, guárdalos utilizando el mismo término o palabra clave. Así, si haces una búsqueda, te aparecerán todos juntos por orden alfabético.

La clave: un mantenimiento periódico

Ya hemos visto cómo los archivos digitales se desordenan igual que los físicos. No pierdas tu tiempo revisando continuamente largas listas de carpetas y archivos antiguos, en busca de los pocos que utilizas de forma regular. Con solo hacer un clic en la parte superior de la columna «Fecha de modificación» en el Explorador, Windows se encargará de ordenar tus archivos por fecha para que puedas revisar y eliminar los que no necesites. Si no estás seguro de deshacerte de ciertos archivos antiguos, una manera de sacarlos de en medio es crear unas cuantas subcarpetas y arrastrar allí los archivos antiguos por años, por cliente o por la categoría que tenga sentido para ti.

Casi todo nuestro trabajo lo realizamos hoy en día delante del ordenador, así que vale la pena un poco de esfuerzo para mantener el sistema organizado de manera racional. ¡Imagínate!, ¿y si consiguieras ahorrar tan solo unos segundos al día al guardar y recuperar archivos? Con la cantidad de veces que lo llegamos a hacer, ¿cuánto tiempo sacaríamos libre al mes o para dedicar a otro proyecto? Pongamos, una media de diez archivos al día —¿mucho, poco?—, y que consigo acortar el tiempo de guardar y de búsqueda en diez segundos cada uno —¿mucho?, ¿poco?—. ¡Venga, tú pones las matemáticas! ¡Te sorprenderás!

Cómo organizar cuentas: nombres de usuario y contraseñas

La primera cuestión aquí es la típica: ¿eres una persona a la que le gusta más la información digital o en soporte de papel?, ¿quizás una combinación de ellas? Personalmente, tengo un «archivador de referencia rápida», de tamaño A4, en el que encuentro, entre otras cosas, mis objetivos anuales, trimestrales, tareas..., y todo lo relacionado con mis cuentas —nombres de usuarios, contraseñas, *links* de acceso, preguntas de seguridad—. Todo está impreso —o escrito a mano si he tenido que actualizar algo— de una hoja de Excel en la que hay cinco columnas:

	A	B	C	D	E
1	Website	Usuario	Password	Código seguridad	Clave o hashtag
2					
3					
4					

Este archivador está siempre en mi oficina, en un lugar de muy fácil acceso. Si paso a trabajar desde otro lugar de la casa, lo llevo conmigo; es mi «archivador de referencias o chuletas». Si me voy de viaje o salgo de casa, lo oculto a buen recaudo para que no esté al alcance de la vista, puesto que contiene información muy sensible. Este archivador es bastante útil para cuando tengo que acceder a alguna web desde un portátil o PC que no sea con el que trabajo habitualmente. Desde mi ordenador principal, utilizo la hoja de Excel y filtro por las columnas que tienen más sentido para mí en ese momento. Por preferencias personales, lo mantengo en un archivo en local y protegido con contraseña, pero existen programas en el mercado que organizan y gestionan los nombres de usuario y contraseñas, como por ejemplo, Password. Estos programas encriptan las contraseñas y la información de inicio de sesión de forma segura. Solo tienes que recordar la contraseña maestra para abrir el programa. A continuación, puedes continuar con el plan de acción propuesto.

Plan de acción: Haz un inventario de todos aquellos usuarios que has creado y que necesitas tener a mano y a salvo. Lo más rápido es crear una hoja de Excel como te he indicado y copiar y pegar. Luego, elige el sistema que más encaje con tus necesidades para acceder fácilmente.

Cómo controlar el tiempo invertido en el ordenador

Recomiendo al cien por cien RescueTime (www.rescuetime.com). Se trata de un programa que instalas en el dispositivo y que contabiliza la cantidad de tiempo que inviertes en cada web y programa. Por ejemplo, si pasas diez horas al día trabajando con tu ordenador, te enviará un informe detallado de en qué se han ido exactamente cada una de esas horas —cinco horas y media en Gmail, dos horas en Facebook, una hora en Photoshop, etcétera—. Tiene en cuenta los tiempos de inactividad del ordenador e, incluso, puedes establecer alertas para que te avise cuando pasas más de un tiempo determinado en una web o red social. Es una aplicación genial porque puedes saber en qué se te está yendo el tiempo, pues cómo lo utilices en internet o en las redes sociales afectará lo productivo que eres en tu día a día.

Plan de acción: Configura el programa e interpreta los resultados con sinceridad y sentido común, para finalmente tomar las decisiones que consideres oportunas.

El mejor escáner

Tener un escáner es algo imprescindible hoy en día. Hace unos meses adquirí el Fujitsu ScanSnap iX500 —dúplex, wifi— y no tengo palabras para describir lo excelente que es este producto. Antes, utilizaba para escanear documentos una impresora multifunción, y es incomparable. Las dificultades con las que me encontraba continuamente evitaban que me acostumbrara a escanear.

Era un trabajo realmente tedioso colocar, escanear, esperar, luego volver a escanear si no funcionaba la primera vez, dar la vuelta a la página... Posiblemente no encajara en mi forma de trabajar, porque hay personas que las siguen utilizando, así que en el fondo, las personas que buscamos sistemas para incrementar nuestra productividad somos un poco vagas: buscamos encontrar métodos para esforzarnos menos y conseguir mayores y mejores resultados. A continuación, enumero las principales características de mi escáner para que puedas usarlas en la comparativa con otros productos similares.

◆ **Escanea a múltiples destinos.** Cuando escaneas un documento, te pregunta dónde lo quieres guardar. Te ofrece multitud de opciones, incluido enviarlo a tu móvil —ideal si estás fuera de la oficina—, enviarlo por *e-mail*, guardarlo directamente en la nube —Evernote, Dropbox, etcétera— para poder acceder desde cualquier lugar a tu disco duro o bien enviarlo a un dispositivo externo —*pendrive* o disco duro—. Lo mejor de todo, es que escanea por las dos caras, así que se acabó tener que dar la vuelta al papel.

◆ **Puedes hacer búsquedas dentro de los documentos.** Al escanear un nuevo documento, puedes convertirlo de manera fácil en un documento objeto de búsquedas con un simple clic. Una vez escaneado, clicas en «seleccionar todo» y buscas, por ejemplo, una determinada palabra en todo el documento. Pongamos que tienes un documento impreso de 50 páginas en el que te interesa encontrar un párrafo que habla de «ABC». Simplemente escaneas el documento, lo conviertes a *searchable PDF*, introduces la palabra clave y de manera instantánea encontrará el párrafo que estás buscando.

◆ **Etiquetar documentos.** Cuando escaneas un documento, puedes etiquetarlo con palabras clave. Por ejemplo, si escaneas una tabla de ejercicios de pilates, puedes etiquetarla como «pilates», «gimnasia», «gym» o cualquier otra palabra que tenga sentido para ti. De esa forma, si la necesitas, la encontrarás antes, ya que puedes hacer una búsqueda en la casilla correspondiente y la aplicación te mostrará inmediatamente el documento encontrado.

¿Tengo que escanearlo todo?

La respuesta a esta pregunta es la misma que suelen dar los abogados: depende. Si eres una persona que necesita soporte visual para ciertas actividades o desarrollar proyectos de forma más creativa que con un simple lápiz y papel no es necesario que lo escanees absolutamente todo. Si tienes la necesidad de hacerlo, quizás tendrías que pasar primero por el proceso de organizar tus documentos escritos, crear flujos de trabajo y, del resultado de este proceso, obtendrás una respuesta totalmente personalizada. La tendencia más generalizada es escanear únicamente aquellos documentos a los que no tienes que acceder con demasiada frecuencia, pero que sí necesitas conservar por motivos legales o de trabajo. Por ejemplo, facturas de compras o facturas de clientes, si en tu flujo de trabajo o rutinas se incluye el envío ocasional de duplicados por extravío.

El único motivo que te puede llevar a escanear más que la media es la falta de espacio, pero ten en cuenta siempre tu estilo organizativo. Si eliminas un archivador para tener más espacio y tu forma de trabajar necesita ver y tocar tus sistemas o utilizar separadores con códigos de colores, puedes estar cambiando un sistema que ya funciona a la perfección y, por lo tanto, boicoteando tu productividad.

Plan de acción: Elige cuáles son los documentos que vas a escanear y dónde los vas a guardar, y programa períodos cortos de tiempo cada semana para realizar el escaneado.

¿Qué hacer con las facturas o recibos de pago que recibimos online?

Una vez más la respuesta es: depende. Depende de si es una compra *online* personal o de trabajo, y también de la categoría de ese documento; lo que hagamos con esa factura o tique puede ir desde archivarlo durante seis años a tirarlo directamente. Si el documento es considerado personal, es decir, algo que he comprado para mí o para alguien de mi familia, cambio el asunto añadiendo la palabra *personal* delante y directamente arrastro el correo a una carpeta titulada «Correo procesado» en mi bandeja de entrada —diferente a la papelera—. No es necesario crear una carpeta específica que se llame «tiques de compra personal», porque en el caso de que lo necesite, solo he de usar la función de búsqueda del programa gestor de correo —en mi caso Outlook— y buscar por «personal» + el nombre del vendedor, por ejemplo. Nunca imprimo este tipo de recibos o facturas y, por supuesto, tampoco borro los archivos.

Si se trata de una compra de «negocios», inmediatamente imprimo la factura y la introduzco en mi sobre de polipropileno, «Pendiente de contabilizar». Utilizo un sobre por año y lo guardo durante un tiempo, para usarlo para temas de liquidaciones o posibles auditorías. En ese caso, estaría siempre preparada; solo tendría que tomar el sobre de polipropileno y no me preocuparía por buscar entre miles de *e-mails* para encontrar los recibos o facturas de lo que he adquirido. Puedes guardar solamente la copia digital, pero siempre hay quien trabaja mejor con documentos escritos, y te lo puede exigir así.

Plan de acción: Crea tu sistema para organizar estos archivos de forma impresa o digital y etiquétalo.

Cómo guardar fragmentos de información de sitios web

Esto sí que debe ser una prioridad. Cuando nos bajamos un archivo al ordenador o guardamos un documento, somos algo más selectivos al ser conscientes —supuestamente— de que estamos ocupando espacio en nuestro disco duro. Sin embargo, los favoritos o marcadores en nuestro navegador de internet preferido es algo que almacenamos «a discreción», porque, en principio, no ocupan lugar. Lo malo es que puede acabar siendo el peor de los caos si no los renombras bien ni los categorizas rigurosamente o asignas etiquetas.

La mayoría de cosas que enviamos a favoritos son aquellas que forman parte de nuestros intereses personales, motivaciones, inspiraciones, ideas o visión de negocio. Nos pasa a todos que, de vez en cuando, navegamos por internet y encontramos un artículo, una frase o una foto en un blog o red social que nos da una idea para escribir en nuestro blog o para decorar nuestra casa. No quieres descargar la información, pero sí leerla más tarde porque puede que lo que te aporte tan solo un párrafo pueda desencadenar grandes cambios en tu negocio o en tu vida. El problema llega cuando empiezas a guardar esa información de manera indiscriminada aquí y allá, como pantallazos en el escritorio, añadiéndolo a favoritos de diferentes navegadores, anotándolo en papeles o, incluso, haciéndote una nota mental y confiando en que lo recordarás rapidamente cuando lo necesites. Pero la realidad es que pasados unos días ya no recordarás absolutamente nada.

¿Cómo podemos guardar a buen recaudo todas esas historias, ideas, fotos y artículos de la web para que, cuando los necesitemos, los podamos encontrar? Hay varios sistemas y, una vez más, depende de tu estilo organizativo; si prefieres la agilidad de los métodos digitales o la ceremonia de apuntarlo en el último modelo de Filofax. Veamos algunos de ellos:

◆ Hay una herramienta llamada **Evernote Web Clipper** que te permite guardar diversos fragmentos de información —texto, imágenes, URL, etcétera— de las webs o redes sociales con el fin de usarlos en un futuro. Está disponible para todas las plataformas móviles y sistemas operativos actuales y sincroniza automáticamente la información que introduzcas, de manera que con tener una cuenta de usuario de Evernote tendrás todas tus notas en internet. También puedes etiquetar esa información con palabras clave para facilitar su recopilación cuando la necesites. Te permite, incluso, resaltar el texto con un color, haciendo mucho más fácil la tarea de búsqueda. Es una gran herramienta.

◆ Otra herramienta con unas características muy parecidas es **Pinterest**, que en realidad es una red social principalmente visual. Se trata de *pinear* —más o menos guardar— todo aquello que encuentres interesante en la web. La única diferencia es que, al ser visual, *pineas* imágenes que enlazan a una web o a un artículo. Por tanto, es ideal para personas visuales, que pueden relacionar una información con una imagen. Tus tableros o carpetas corresponden a categorías y tus *pines* son tus fragmentos de información, que pueden ser también etiquetados e incluso guardados con una frase descriptiva. Al ser una red social, te permite seguir a usuarios que puedas considerar como fuentes valiosas de inspiración, acumulando *pines* que se adaptan a tus gustos sin necesidad de navegar solo por ti. También pueden

seguir tus tableros otros usuarios —con lo cual el valor en marketing es ilimitado—, pero no te preocupes porque hay la posibilidad de crear tableros ocultos.

◆ Gestión de *e-mails*. Hay formas muy variadas de gestionar los *e-mails*, pero lo más importante es que no utilices la bandeja de entrada para almacenar todos los correos electrónicos que recibas. Cada vez que decidas qué hacer con cada uno, elimínalo o arrástralo a otra carpeta. Unos los eliminarás directamente porque son *spam*; a otros deberías responder con un breve «ok» y tras ello eliminarlos; otros requerirán una respuesta más extensa, y otros quizás contengan información que sean «referencias futuras». Todos ellos deberían ser traspasados a carpetas nombradas según la categoría correspondiente, aunque la bandeja de entrada de correo no debe ser tu gestor de tareas. Lo que sí podrías hacer es usar el gestor de correo de Outlook como gestor de tareas, configurándolo adecuadamente.

Plan de acción: Elige un único sistema para guardar tus favoritos de la web y comienza a trasladar a este todo lo que tengas anotado en otros sistemas. Centraliza tus fuentes de inspiración.

Parte 2
El entorno mental

MOTIVACIÓN

¿Por qué se pierden las cosas dentro de casa y no encuentro el documento que busco en mi oficina? Ya hemos pasado la parte del entorno físico y no sorprenderá a nadie que diga que lo que ocurre cuando las cosas «se pierden» es que «no están en su sitio». Normalmente, porque no tienen asignado un lugar específico donde «dormir», es decir, alguien usa algo o coge un documento y, cuando acaba, lo deja aleatoriamente en un sitio al que no pertenece y en el cual se pierde «mágicamente». Y entonces, empieza la búsqueda. Estamos de acuerdo en que eso de guardar las cosas en el «lugar correcto» es más fácil de decir que de hacer. A este nivel, da igual que hablemos del mando del televisor o de la factura de un cliente. Puede ser duro concienciarnos y adquirir el hábito de guardar las cosas en su sitio porque se trata de eso precisamente: de crear hábitos, pero es especialmente difícil cuando encontramos algún inconveniente.

En una empresa en la que trabajé, guardábamos las facturas de clientes más antiguas de un mes en un archivo ubicado dos plantas más abajo de las oficinas, en un sótano. El volumen de facturación era considerable y en el despacho principal no podíamos guardar más archivadores que los correspondientes al mes en curso. El problema estaba en que aún no había llegado la era digital, y cualquier incidencia nos obligaba a consultar la documentación escrita. La necesidad de ir a buscar o guardar de nuevo un documento en dicho archivo, en un sótano frío y lleno de polvo, con poca iluminación, se daba con bastante frecuencia y las personas encargadas del archivo de las facturas —tanto las que ya no cabían como las consultadas que tenían que volver a archivar— procrastinaban la tarea porque no era algo fácil ni conveniente. Tanto la desorganización como el sistema implementado producían auténtica fatiga mental.

Si consigues que guardar algo en su sitio resulte ridículamente fácil, es bastante probable que cada cosa acabe guardada correctamente y, por lo tanto, la encuentres cada vez que la necesites y nunca más se pierda. En otras palabras: cuando es más difícil dejar las cosas en el lugar equivocado que en el lugar correcto, es bastante probable que todo esté guardado siempre en su sitio. Así que, si quieres que los demás —incluido tú— empiecen a guardar las cosas en su debido sitio, es necesario configurar los sistemas y hacerlos increíblemente fáciles de usar. Quizás tengas que emplear ganchos en lugar de colgadores para chaquetas —los ganchos son más prácticos que las perchas—, cestas abiertas en vez de cestas con tapa para los zapatos —guardar en un sitio que no tiene tapa es más rápido— o, simplemente, poner un cubo de basura en el lugar donde esta tiende a acumularse. El objetivo es minimizar el número de pasos y la cantidad de esfuerzo que se necesita para poner las cosas en su sitio. ¿Cómo? Pues cuando estés configurando cualquier sistema de organización, imagínate que lo estás diseñando para la persona más perezosa del mundo. Es muy probable que esa persona no quiera esforzarse en guardar las cosas, así que plantéate la pregunta: ¿cómo se lo podría hacer más fácil? El hecho de establecer o retocar sistemas de organización puede suponer grandes cambios en un negocio o en un hogar, con el consiguiente incremento de la productividad y disminución del estrés mental.

La idea con la que te has de quedar es la siguiente: necesitamos sistemas de organización para absolutamente todo lo que tenemos o lo que entra en nuestro hogar u oficina cada día. Cada nuevo elemento necesita un lugar donde ser ubicado facilmente. Al principio, puede que nos cueste aprender dónde se encuentra cada cosa, y mucho más si te has de adaptar a un sistema creado por otra persona, pero una vez te hayas adaptado, será tan fácil y placentero como hacer un puzle para niños: sencillo, rápido y no sobrará ninguna pieza.

Qué hacer cuando pierdes el enfoque o la motivación

¡Escríbelo todo! Es increíble la claridad mental que consigues cuando vuelcas todos tus pensamientos en un papel en lugar de mantenerlos embotellados dentro de tu cabeza. Anota absolutamente todo lo que te preocupa o lo que provoca que te sientas superado por la situación; sácalo de tu cabeza y plásmalo en papel. Eso incluye tanto tareas pendientes o recados, como cosas que se te han olvidado de hacer, proyectos futuros, etcétera. Simplemente escríbelos en una lista, uno detrás de otro, tal y como te vengan a la mente. Dando este paso, notarás un gran alivio en tu sensación de estrés. Incluso te recomendaría que hicieras este ejercicio de escribirlo todo en un entorno de relajación, a poder ser. Quizás puedas salir a la terraza y sentarte en una tumbona, estirarte en la cama un rato con tu bloc de notas o sentarte en el sofá. Puede que te parezca una tontería, pero el hecho de escribir intentando crear una lluvia de ideas para vaciar tu cabeza puede ser mucho más productivo en un ambiente relajado, ya que eso propicia una mayor concentración y que puedas pensar con mayor claridad. La manera en la que plasmarás esas ideas será más eficiente y creativa.

Si ya tienes una lista, más o menos larga, de «cosas» que te bailaban por la cabeza y que estaban pendientes, el siguiente paso es categorizar esa lista. Intenta crear categorías que tengan sentido para ti; pueden ser recados, clientes, proveedores, contabilidad, niños, casa, comprar, arreglar, coser..., porque, obviamente, has debido de volcar absolutamente todo lo que te preocupaba, ya fuera profesional o personal. El último paso es priorizar tu lista. Se trata de dar un número de orden a cada cosa, es decir, el orden en el que irás haciendo o cumplimentando cada tarea. Yo te sugiero que intentes en primer lugar lo más complejo o bien a primera hora de la mañana, para ponerte con ello cuanto antes. Sin embargo, si te cuesta empezar con un proyecto en concreto, hazlo con aquellas tareas que te parezcan «facilonas» para tomar un poco de carrerilla al ver pronto resultados. Una vez que te centras y acabas con un tema, encuentras la confianza y la fuerza de voluntad para finalizar el siguiente.

Otra sugerencia es que te propongas llegar a un solo objetivo «grande» por día, es decir, si de esa lista tienes varios proyectos largos o de los considerados pesados, elige solo uno de ellos y conviértelo en tu objetivo del día. Por supuesto, aquellos que tengan un vencimiento concreto irán antes, por ejemplo, si tu objetivo para hoy es organizar los cajones de tu escritorio, coge un Post-it y escribe «Organizar cajones escritorio» en grande y con un rotulador grueso. Ponlo en un lugar visible y donde lo estés viendo todo el día —pegado a un lado de tu pantalla del ordenador, encima del escritorio—. Eso te recordará constantemente que ese es el objetivo que tú mismo has elegido para hoy y te mantendrá enfocado todo el día; sobre todo, si es uno de esos días en los que te cambias constantemente de tareas o te distraes a cada rato. Cuando esto ocurra, el Post-it actuará como un recuerdo instantáneo de tu objetivo para hoy.

Otro truco muy efectivo es cronometrarte para cederte un tiempo concreto para realizar una tarea. Por ejemplo, mientras estoy escribiendo esta sección del libro, tengo mi *smartphone* programado para sonar en 55 minutos. Es bastante probable que las ideas fluyan rápido y no necesite tanto tiempo para escribir un solo capítulo, pero cederme mucho más tiempo de lo que creo que necesito *a priori*, me produce una sensación de relax que me ayuda a concentrarme y pensar con más claridad.

La importancia de los sistemas

Como ya he comentado en la introducción, si ya es difícil para cualquiera poner en marcha un proyecto largo, todavía lo es más empezar cuando te sientes completamente superado y estresado por la cantidad de cosas que tienes por hacer. Hay un ejercicio que funciona muy bien cuando empiezas a sentirte de esa manera, y es una especie de «puesta a punto» que trataré en profundidad en la parte final del libro. Cuando sientas que estás a punto de explotar, que ya no puedes más, sigue los pasos que te indico como si se tratara de hacer una parada en boxes para poner a punto tu coche:

Paso n.º 1: Imagina tu vida ideal. Se trata de trazar un camino lo más recto posible entre tu situación actual y tu vida ideal o destino. Es cómo quieres que sea el mañana: es el archivador organizado que deseas, el armario por código de colores con el que sueñas y en el que siempre encuentras lo que necesitas, etcétera. El origen de ese camino es tu presente inmediato y el final es mañana o algún lugar en el futuro. Por tanto, el primer paso es imaginarte ese mañana ideal, de tal forma que puedas compararlo de manera objetiva con la situación en la que te encuentras actualmente, que es la culpable de tu sensación de agobio. Lo veremos desglosado y con mayor detalle. Por ejemplo, si necesitas organizar tu escritorio, pero no encuentras la manera o la motivación para ponerte a ello porque te sientes superado al ver los montones de documentos, cajas y otros objetos que te recuerdan trabajo pendiente, piensa entonces en tu «día de mañana ideal» para esa situación en concreto. Por ejemplo, «tener un escritorio ordenado con sistemas de organización establecidos, fáciles de mantener y efectivos».

¡Se trata de empezar teniendo el «fin en mente» todo el tiempo, como decía el autor de 7 *hábitos de la gente altamente efectiva*, el magnífico Stephen R. Covey! Y si lo que te preocupa es que ese final feliz está muy lejano en el tiempo o temes que nunca llegue, fuérzate a verte en esa situación. Intenta soñar despierto y disfruta de todas las sensaciones positivas que te provoca esa situación ideal.

Paso n.º 2: De tu cabeza al papel, un proceder que ya te suena. Una vez que conseguimos la motivación, gracias a tener el objetivo en mente, plasmamos ese mañana o fin ideal en un papel —o *app* para los digitales—. La cuestión es definir exactamente por qué te sientes superado con ese espacio en concreto o esa situación a organizar. En otras palabras, trataremos de localizar al culpable del problema para poder abordarlo y conseguir el éxito. Porque ya todos sabemos que ignorar los problemas solo empeora las cosas.

Para ello, necesitamos enumerar los tres problemas más importantes que hacen que te agobies o te estreses en un espacio o por una situación a organizar. Si volvemos a utilizar el ejemplo de tu oficina en casa como antes, ¿qué tres cosas pueden estar produciéndote agobio y la sensación de tener una oficina o un escritorio desordenado o desorganizado? ¿O qué es lo que está evitando que te pongas manos a la obra? Así, hay unos cuantos factores que hacen que nos agobiemos, y, por lo tanto, pueden estar provocando que no iniciemos el proceso de organización de una vez por todas:

◆ Las interminables pilas de papeles que tienes a la vista en tu oficina, mires donde mires. Solo te recuerdan que debes encontrar un momento para revisártelas.

◆ Los montones de cartas sin abrir que vienen aún por correo ordinario y que, probablemente, te supondrán algún coste, porque hace días que llegaron y entre ellas hay facturas por pagar.

◆ Los cajones llenos hasta reventar que hacen bastante difícil encontrar el material que necesitas, lo cual te obliga en ocasiones a comprar duplicados, cuando sabes que está «por ahí».

◆ Todos aquellos documentos que has guardado en tu ordenador en carpetas varias, de los que ni recuerdas el nombre y que vas creando a diario, o que has dejado en un escritorio abarrotado de iconos, lo que te aleja de mantenerte productivo al trabajar con tu ordenador.

Cuando redactes tus tres mayores problemas o causas de estrés, intenta plasmarlo con la mayor claridad posible y sé muy específico. En este caso, no interesa una aproximación genérica; hay que precisar al máximo. Por ejemplo, decir que te agobia «todo» es bastante difícil de desglosar en acciones paso a paso que te ofrezcan una solución al problema. Si no defines el problema con exactitud, entonces será imposible solucionarlo. Te sugiero que sigas los consejos que acabo de darte y lo desgloses en pasos que te conduzcan a la solución. De este modo, si has elegido «Las pilas de cartas que contienen facturas vencidas de proveedores sin contabilizar que me supondrán gastos de devolución» como el lugar por el que empezar, entonces deberías hacer una lista con todas las tareas que implica realizar este proyecto en concreto —solucionarlo—. Para empezar, estas son algunas de las tareas que yo listaría en este caso:

◆ Eliminar correo irrelevante: reciclar/destruir/basura.

◆ Agrupar las facturas pendientes de pago y las vencidas.

◆ Agrupar el resto de correo que implique algún otro tipo de acción.

Si no se te ocurre una lista entera de acciones, no pasa nada. Escribe lo que puedas, lo que te venga a la cabeza. Una vez que hayas empezado, siempre puedes ir añadiendo tareas a tu lista. Por ejemplo, cuando abras todo tu correo pendiente y estés categorizándolo, puede que te encuentres con una nueva categoría de pagarés para hacer remesas, que te sugiera crear una nueva tarea adicional a tu lista: «Pagarés para remesa». Para empezar, simplemente anota las tareas que sabes *a priori* que necesitas hacer. A continuación solo tienes que repetir el proceso con las otras dos cosas que has escrito que te producen estrés. Llegados a este punto, debes tener una lista con tus tres mayores problemas de espacio o sistema a organizar. Para cada uno de ellos, habrás listado una serie de tareas que necesitas hacer para darles una solución u organizarlas. Ya he comentado que la idea es conseguir sacarlo todo fuera de la cabeza y plasmarlo en papel —o procesador de textos o gestor de tareas favorito— para que podamos visualizar qué hay que hacer. Mantener las cosas en tu cabeza crea desorden mental y te resta energía. Además, si eres una persona visual, no podrás ordenar tus pensamientos claramente si no los exteriorizas.

Paso n.º 3: Priorizar tu lista. ¿Y por qué hacerlo? Pues porque no podemos hacerlo todo a la vez. Es más, no empezar un proyecto hasta acabar otro es lo más productivo y el enfoque más eficiente. Dicho esto, hay unos criterios que debes considerar a la hora de elegir qué proyectos y tareas deben hacerse antes que otros:

◆ Lo que tiene un vencimiento o fecha establecida va antes que aquello que no lo tiene.

◆ Un proyecto de cuya finalización depende el inicio de otros proyectos importantes va antes que otros independientes.

◆ Lo que para ti sea realmente importante hacer. ¿Qué tarea te haría sentir mejor cuando la hubieras acabado?

Ahora, prioriza tus proyectos y tus tareas en orden: 1, 2, 3, siendo 1 la de mayor prioridad y 3 la de menor. Cuando hayas priorizado tus tres proyectos más estresantes y todas las tareas implicadas en cada uno de ellos, el último paso es el PLY.

Paso n.º 4: Este paso hace referencia a «preparados, listos... ¡ya!». Significa básicamente pasar a la acción. Porque si quieres ver resultados, ¡necesitas hacer lo planificado! Sin acción, tus planes serán simples sueños o ilusiones. Se me ocurrió este acrónimo hace unos años porque no puede ser más idóneo. Se trata de situarse en el espacio a organizar con todas las herramientas y el material necesario —preparados—, tener a mano nuestros listados de proyectos y tareas —listos— y empezar a tachar los ítems de las listas —¡ya!—. Ya ves que todo se reduce a tomar impulso y empezar. Simplemente escoge la tarea de mayor prioridad —paso 3—, pon el temporizador, empieza, acaba y pasa a la siguiente. Mientras estés concentrado en hacer una tarea, olvídate de todo lo demás que tienes pendiente. El resto de proyectos y tareas de tu lista lo harás a su debido tiempo. El hecho de preocuparte por el resto de tareas de tu listado no te hace ningún bien. Al contrario, hará que te desconcentres y disminuya tu nivel de productividad y, por tanto, te lleve más tiempo convertir tu vida en ese mañana ideal que has visualizado.

Cómo superar bloqueos

Cuando tomas la decisión de emprender en solitario y, sobre todo, hacerlo desde tu propio hogar, es necesario trabajar la autoestima porque te enfrentas a muchos bloqueos en solitario, también llamados «síndromes del emprendedor». Miedos, dudas, falta de confianza y extraplanificación son algunas de las sensaciones habituales. A eso hay que añadir que es posible que tengas que dar a conocer una profesión nueva, como es mi caso, o que te enfrentes a otros problemas específicos. Muchos emprendedores nos hemos de enfrentar a la tarea de abrir puertas como

pioneros con la suficiente fortaleza y seguridad en nosotros mismos como para transmitirlas a los demás y que se lleven la impresión de que somos buenos profesionales. Para ello tenemos que trabajar nuestro DAFO (características internas y situación externa) y caminar hasta conseguir todas las competencias necesarias. Muchas de esas competencias son fácilmente asequibles, en tanto que otras requerirán que superemos ciertas barreras que están en el camino. A veces se trata de bloqueos personales que no todos los emprendedores sufren y, otras veces, vienen emparejadas a la acción de emprender.

La gente suele culpar a los factores externos cuando no consigue sus objetivos. Solemos decir: «Todo irá bien cuando...», pero necesitamos dejar de esperar y ponernos en marcha. Identificar los bloqueos y eliminarlos. Los expertos identifican tres grandes bloqueos o piedras en el camino:

1. Perfeccionismo

De entrada, quiero destacar que existe una gran diferencia entre ser perfeccionista y tener unos buenos estándares de calidad. La diferencia es tan abismal que uno de ellos es un obstáculo para alcanzar éxito y el otro te lo puede facilitar. La clave para vencerlo está en fijar el límite a ese nivel de perfección: debes definir con exactitud tus estándares de calidad e identificar cuándo o en qué momento los alcanzas para finalizar el proyecto con éxito. El problema está cuando nada es suficientemente bueno nunca, hagas lo que hagas o inviertas todo el tiempo y el esfuerzo del mundo. Nunca acabas de tener esa sensación de cumplimiento. ¿Te resulta familiar?

El perfeccionismo es aquella voz que aparece cuando estás a punto de acabar algo o planificarlo y te ofrece una segunda opinión, que siempre es la misma: «No, esto puede estar mejor. No está del todo perfecto». Esto puede llevar a la procrastinación en la mayoría de los casos. Este era, sin duda, uno de mis muchos bloqueos al empezar, pero he conseguido superarlo gracias a observar cómo trabajan en entornos más tecnológicos: los desarrolladores de programas analizan, crean y lanzan su programa o su nueva versión al mundo. Lo bautizan con un nombre seguido de la palabra *beta* y se quedan tan anchos. Los usuarios saben que *beta* es como decir, «en pruebas», o nuevo u «oye, que es normal que tenga fallos». Es la primera versión y, por tanto, pueden observar algún error, del que, por cierto, informan convenientemente. Luego utilizan esos informes de error para actualizarlo y perfeccionarlo, y ya está. No hay que tener miedo de cometer errores en los primeros intentos. Con esto, mi mensaje no es que bajes tu listón de calidad, sino que lo mantengas alto mientras te aseguras de que sacas tu proyecto a la luz.

La gente exitosa que he conocido se caracteriza por hacer muchas cosas, y no todas ellas eran perfectas en el momento de ver la luz, así que para superar el bloqueo del perfeccionismo no esperes a que todo esté perfectamente alineado y en su lugar para poder comenzar. No necesitamos tener una web perfecta, ni un logo de diez, ni registrar la marca. No lo necesitamos todo para empezar, ni mucho menos todo a la vez, porque lo más seguro es que eso no ocurra nunca.

Si, a pesar de considerar todo esto, no tienes suficiente confianza para hacer algo, no por fijarte unos estándares demasiado altos, sino porque no te sientes a la altura, revisa tus competencias y experiencia. Muchas veces, no se trata de perfeccionismo, sino de una falta de confianza completamente lícita y basada en si tenemos las capacidades o la experiencia adecuadas para el proyecto. En este caso, solo tienes que ponerte a trabajar.

Cómo gestionar la procrastinación. Acabar con las autoexcusas

Si de repente te encuentras dándote excusas a ti mismo de por qué no puedes empezar, continuar o finalizar una tarea, es el momento de hacer una pausa y pensar en qué te está bloqueando.

◆ Si tu frase es «No puedo hacerlo», cambia tu actitud a «¡Puedo hacerlo y lo haré!», porque una mentalidad positiva supone la mayor parte del éxito.

◆ Si tu frase es «No puedo decidir sobre esto», recuerda que lo importante es ir progresando. Una decisión imperfeta tomada hoy es mejor que no haber tomado ninguna, porque una decisión, aunque imperfecta, supone un progreso. Después, sobre la marcha, siempre puedes ir corrigiendo el rumbo.

◆ Si te procrastinas porque no te apetece hacer algo, es momento de refrescarte tus objetivos. Puedes conseguirlo de dos maneras: mediante el «placebo-placer» (dándote un premio a ti mismo si consigues tu objetivo; por ejemplo, ir a tu restaurante favorito si acabas el proyecto esa semana) o mediante el «placebo-temor» (no ir a ese restaurante en un año si no lo acabas esa semana).

Si tu excusa es el típico «no tengo tiempo», entonces consíguelo como sea. Si es una tarea de alta prioridad, lo encontrarás. Si no lo es en realidad, encontrarás excusas para no hacerla. Te aconsejo que revises tu horario y canceles o minimices actividades de puro placer, tales como las redes sociales, ir de compras, hacer búsquedas compulsivas en internet y, por supuesto, ver la tele. Pide ayuda a amigos y familiares para delegar aquellas tareas que no tengas por qué hacerlas tú, como contratar a una canguro por horas. Haz lo que sea para hacer sitio en tu calendario y completar las tareas que darán fin a tu sensación de estrés.

Recuerda que cuanto antes empieces, antes te sentirás bien. Todo el mundo procrastina de vez en cuando, hasta los más reconocidos gurús de la productividad. La clave está en la rapidez con la que nos «pillamos infraganti» y nos ponemos de nuevo en marcha. Mi sugerencia, ya que si eres un emprendedor tendrás una mente creativa, es que pienses en algún sistema de los comentados antes, que sea divertido y creativo, para encaminarte de nuevo y subirte el ánimo.

2. Comparación constante

Se produce cuando te sometes a una constante comparación con los demás. Suele haber ciertas diferencias de género en este bloqueo. Las mujeres normalmente nos comparamos a nivel de físico, ropa, habilidades maternas... Y los hombres en temas relacionados con el estatus: dinero, coche, casa, vacaciones... Si sufres este tipo de bloqueo, miras a los demás —normalmente a tu competencia— y crees que no estás a la altura o no eres lo bastante bueno, solo te creas dos sentimientos negativos: te infravaloras y generas resentimiento hacia esa persona. En lugar de eso, abre tu mente e inspírate en tu competencia. Piensa que, aunque de hoy para mañana no puedas tener lo mismo, sí puedes empezar por algo más pequeño y marcar en un futuro la diferencia.

Hoy en día, con la presencia absoluta de las redes sociales en nuestras vidas, hay muchas personas atrapadas en este bloqueo, no solo emprendedores. Normalmente los *haters* son quienes más siguen a sus «odiados», ven todos sus vídeos y comentan de manera negativa todos sus *post*, pero este es un caso extremo. Todos en general, y especialmente los emprendedores, nos vemos atrapados en este tipo de bloqueo, sobre todo si nos hace caer en la parálisis por el análisis. Fijamos nuestra atención en el exterior constantemente y basamos nuestros avances en la referencia externa y no en la mejora personal. Hay quien mira infinitas webs antes de crear la suya propia o pretende leer todos los libros de una misma temática antes de escribir el suyo, por ejemplo, y lo que sucede es que nunca acaban de estar lo bastante preparados. La clave está en identificar lo que realmente te está sucediendo: que no avanzas porque la comparativa es constante con el exterior y que necesitas crear límites a tus análisis o momentos de planificación. Por ejemplo, puedes fijarte en solo cuatro webs, investigarlas solo durante sesenta minutos y luego lanzarte a crear tu proyecto. Es muy necesario que te pongas una serie de límites porque el problema no es la falta de información, sino su exceso.

Con este tipo de bloqueos, hemos de poner especial atención en mantener un monólogo interior positivo con nosotros mismos y evitar proyectar hacia los demás energía o comentarios negativos. Si alguien ha llegado más lejos que nosotros, es posible que haya partido de una base mejor que la nuestra o que haya trabajado más duramente. Todos sabemos que cuesta conseguir objetivos. ¿Por qué motivo se los iban a regalar a alguien? Normalmente la gente solo se fija en lo que más brilla, y desconoce lo que una persona exitosa ha tenido que trabajar para conseguir sus objetivos. El tiempo invertido en la comparativa es maravilloso para avanzar en proyectos.

3. El síndrome del impostor

Es un síndrome que afecta a muchos emprendedores: sentir que él mismo es una farsa, que lo que refleja no es su yo verdadero. Esto se debe a que cree que no es lo suficientemente bueno como para llegar al nivel que tiene, y eso le provoca un fuerte bajón en su autoestima.

Hay personas que superan este bloqueo con la táctica que los estadounidenses denominan *fake it till you make it*, que es algo así como pretender o simular serlo sin serlo, hasta que te lo creas a base de demostrarlo una y otra vez. En casos muy extremos se considera un trastorno psicológico, puesto que existen personas realmente exitosas que son incapaces de asimilar sus logros y sufren mucho por ello. Casos conocidos son los de las actrices Emma Watson y Michelle Pfeiffer. Esta última afirmaba en una entrevista: «Todas las mañanas me despierto pensando que este será el día en que se den cuenta de que soy un fraude, de que no merezco esta fama y de que más temprano que tarde tendré que volver a atender la caja de un supermercado». Sin embargo, quien más quien menos ha visto alguna de sus películas y la reconoce como una auténtica estrella a nivel mundial.

En estos casos hay que buscar el desencadenante de los sentimientos negativos y trabajar para superarlos. En ocasiones nos sentimos así, simplemente, por falta de experiencia y lo único que necesitamos es enfrentarnos a la situación y ganar confianza.

En casos mas leves, la manera de superarlo es preguntarnos si el problema se debe a que creemos que no tenemos las competencias suficientes para desarrollar el proyecto. Si es que flojeamos en ciertas habilidades, solo hemos de planear la forma de conseguirlas y sentirnos plenamente capacitados.

Lo mejor de ti mismo

No hace falta que trabajes de sol a sol. Nadie es más productivo por trabajar más horas seguidas. Al contrario, eso puede fatigarte y provocarte incluso aversión hacia determinadas tareas y, créeme, la fatiga crónica laboral existe.

Todo el mundo necesita hacer descansos de vez en cuando, porque el nivel de atención y, en consecuencia, el rendimiento disminuye al cabo de unas horas. Es importante que vayas haciendo pausas y cambiando de tareas en bloques de tiempo.

Si notas que empiezas a quedarte sin entusiasmo e inspiración, o que te distraes con facilidad y no consigues concentrarte en una tarea, haz algo diferente. Solo porque trabajas desde casa no significa que tengas que estar pegado a tu oficina todo el día. Un cambio de aires te da la oportunidad de desconectar y recargar las pilas. Cuando regreses al trabajo, verás las cosas con otros ojos y te sentirás más innovador y productivo. A continuación, te aconsejo unas cuantas cosas que puedes hacer para mantenerte motivado y con energía.

Haz ejercicio

El ejercicio físico nos aporta numerosos beneficios. No solo es bueno para la salud, sino también para la mente. La actividad física mejora la circulación sanguínea y aumenta el suministro de oxígeno, lo que ayuda a generar nuevas ideas. Si estás delante del ordenador la mayor parte del tiempo, es especialmente importante que te levantes y te muevas por lo menos una vez cada hora. Como es fácil estar tan enfrascado en el trabajo que pierdas por la noción del tiempo, programa una alarma que te recuerde que debes hacer un descanso. Ponte de pie, estira los músculos, sube y baja un par de tramos de escaleras, saca al perro a pasear, riega las plantas o haz unas cuantas abdominales.

Aparte de estos pequeños *break*, intenta habituarte a hacer ejercicio cada día durante un período prolongado de tiempo. Un paseo largo, una clase en el gimnasio o unos largos de natación te llenarán de energía para todo el día, y, como verás que tu estado físico y mental mejoran, aumentará tu motivación.

Cambia de vistas

Trabaja en un lugar diferente durante un tiempo. Llévate el portátil a una habitación distinta de la casa, a la terraza, a una cafetería, a la biblioteca o incluso a un parque.

Si pasas por un momento estresante, tómate un descanso para el almuerzo, sal de tu oficina y come en otro lugar de tu casa. Muchas veces, las cosas se ven de otra manera simplemente por cambiar un poco de perspectiva y, en este caso, lo haces literalmente.

Sal de casa

Programa los descansos en tu horario de trabajo, igual que si trabajaras en una oficina tradicional. Si tienes perro, esto ya es una excusa para hacer una pausa. Si no lo tienes, programa a esas horas los recados o, simplemente, sal a dar una vuelta a la manzana. Si tienes hijos, son un motivo ideal para hacer descansos, lo único que tienes que procurar es no enredarte y volver al trabajo cuando tu tiempo programado haya terminado.

Olvida tu negocio de vez en cuando

No te conviertas en uno de esos emprendedores unidimensionales, que viven y respiran trabajo todo el tiempo. Recuerda que una de las razones por las que creaste tu negocio era para tener tu propio horario. Has de conseguir desconectar por completo cuando toque. Tómate una tarde libre para dedicarte a uno de tus *hobbies* o a cualquier otro interés que quieras cultivar, como leer un libro, visitar un museo, ir al cine, quedar con amigos o hacer algún tipo de voluntariado.

Relaciónate con los demás

Una de las importantes acciones a nivel social que deberías incorporar en tu agenda es el *networking offline*. Puedes asistir a una conferencia de la organización a la que pertenezcas o a otra nueva. Conocer gente influyente puede ser muy divertido e interesante para tu negocio, y es relativamente fácil crearte un pequeño lema y aprendértelo de memoria, porque todo el mundo quiere hablar sobre su negocio, y está claro que tú también estarás allí para eso. Al menos una vez por semana deberías quedar con alguien diferente para desayunar. Existen grupos por sectores que se reúnen específicamente para hacer *networking* y sería una manera estupenda de añadir un componente más personal a tu relación con algún cliente o con un socio. Ampliarás tu red de contactos, aprenderás algo más sobre el negocio de la otra persona e intercambiaréis ideas. Hasta puede que descubras otros intereses en común que se acaben convirtiendo en nuevos proyectos para llevar a cabo juntos. Tu negocio crecerá al tiempo que te permites una pausa mental, física y social, así que relájate y disfruta.

Imparte alguna clase

Plantéate la idea de enseñar lo que sabes en un instituto, en una escuela de adultos o en un centro de educación continua, o en una sala de eventos. El hecho de someterte, de vez en cuando, al reto de interactuar en una sala llena de adultos que te observan como «el experto» te mantendrá alerta y hará que no bajes la guardia para estar al nivel de las expectativas. Tendrás que preparar los materiales del curso o taller, y las preguntas y los comentarios de tus alumnos te aportarán nuevas formas de plantearte tu negocio.

Trabajar desde casa tiene pros y contras, pero encerrarte todo el día en tu oficina intensificará tu sensación de aislamiento, aparte de que tu negocio también necesita «ventilarse». Añadir todos estos tipos de tareas, te mantendrá motivado y productivo, y por el camino tu negocio crecerá.

Networking

La mayoría de autónomos y propietarios de pequeños negocios están realmente interesados en conocerse entre sí, por el simple hecho de tener intereses en común. Esta red de amistades que has de empezar a construir cuanto antes —si

aún no la tienes— sustituirá al papel que ocupaban tus compañeros de trabajo en la empresa tradicional. Uno de los mayores problemas a los que nos enfrentamos quienes trabajamos desde casa es la falta de una buena red de contactos. Es normal que en un trabajo «tradicional» desarrollemos una amistad muy fuerte con aquellas personas con las que pasamos la mayor parte del día, ya que con ellas colaboramos, compartimos experiencias, nos explicamos cosas personales y, a veces, hasta llegamos a conocer a sus familias. Tus compañeros forman parte de tu vida, y tú de la de ellos.

Para muchas personas, esta es una de las partes más gratificantes de ir a trabajar, el relacionarse con sus compañeros. Si estás empezando tu negocio en solitario y estabas acostumbrado a estar rodeado de gente todo el día, puede que te sientas muy aislado. Estás tú solo para pensar, planificar y crear una lluvia de ideas, no habrá nadie que te diga su opinión o al que puedas consultar o pedir consejo, ni tampoco habrá nadie que te felicite cuando cumplas tus objetivos o de quien escuches sus palabras cuando pases por un mal momento.

Muchas personas creen que el componente social de la empresa fue el factor que les ayudó a mantener la motivación y el entusiasmo por su trabajo. Y aunque es cierto que la mayoría de las personas que trabajan desde casa no se sienten aisladas una vez que su negocio está en marcha —cuando empiezan a llegar los clientes, proveedores y socios—, es fácil hacerlo en los inicios y no enterarse de los últimos desarrollos o dejar enfriar las relaciones sociales de colaboración.

Algunas personas, además, funcionan mejor cuando tienen a otras alrededor para mantenerlas motivadas y seguir adelante. La gente emprendedora y creativa es fuente de mucha energía e inspiración, por lo que conviene estar rodeado de ella para que te impregnen de su entusiasmo para conseguir tus objetivos.

A continuación, encontrarás una serie de consejos para «tejer» una tupida red de contactos que te resultará beneficiosa en muchos aspectos:

Sé práctico

Únete a la cámara de comercio de tu localidad. Estas comunidades están orientadas a los negocios y te brindan la oportunidad de conectar con otros empresarios cercanos. Puesto que no hay ningún tipo de requerimientos, puedes llegar a conocer gente de cualquier clase de industria. Las cámaras de comercio suelen celebrar reuniones mensuales y una serie de pequeños eventos donde todo el mundo acaba conociéndose e intercambiando tarjetas. También pueden ofrecer conferencias los mismos miembros o invitados sobre temas de negocios o asuntos de la comunidad e, incluso, podrías inspirarte en ellos y, por qué no, convertirte en conferenciante.

Es fácil para un profesional que trabaja en solitario perderse en un entorno que cuenta con miles de miembros y abastece a varias empresas que facturan millones. Las entidades más pequeñas tienden a ser amables, informales y estar llenas de emprendedores como tú. Es más fácil hacer conexiones personales en eventos y programas adaptados a las necesidades de los propietarios de pequeñas empresas y las recomendaciones generadas en este contexto son muy comunes.

Sé útil

También te puedes unir a una organización sin ánimo de lucro, con el propósito de servir a una comunidad. Trabajar mano a mano por una causa, junto con otros que compartan tus mismas inquietudes, puede ser una excelente oportunidad para desarrollar una relación genuina. En algunas de estas organizaciones, la mayoría de los miembros son empresarios, que suelen sembrar relaciones de negocio duraderas como beneficio secundario a los servicios prestados.

Sé profesional

Únete a tu industria, organización profesional o asociación empresarial de tu sector. Estas organizaciones te aportan excelentes oportunidades para intercambiar ideas y para mantenerte al día de las novedades que tengan que ver con tu profesión, incluso descuentos importantes a nivel de materiales relacionados. Una vez dentro, busca a otros profesionales de tu industria que no compitan contigo en tu especialidad o en tu límite geográfico, y plantéate si podéis unir vuestras fuerzas en algún sentido. Quizás os podáis recomendar algún posible cliente o complementaros productos y servicios.

Si quieres truchas, ve a pescar al río

Únete a los grupos a los que pertenecen tus clientes ideales. La manera más fácil de que los conozcas es ir a buscarlos donde están. Así que si tu cliente ideal es una persona creativa que necesita ayuda a la hora de gestionar toda la parte financiera de su negocio, tendrás que unirte a asociaciones cuyos miembros sean escritores, diseñadores o fotógrafos, por ejemplo, aunque tú seas contable.

Sé uno de ellos

Únete a un grupo de *networking* con tu categoría específica. Este tipo de organizaciones existe concretamente para el intercambio de referencias comerciales entre sus miembros. Un grupo muy conocido de este tipo es BNI —Business Network International—. Solo se permite una persona de cada profesión, así que, si existe un posible cliente para ese tipo de negocio, ¡es tuyo! Los miembros se turnan haciendo pequeñas presentaciones —*elevator pitch*— sobre sus negocios para que los demás capten lo que ofrecen y el tipo de cliente que están buscando. También puedes encontrar nuevas oportunidades de negocio al poder conocer con más profundidad los negocios de los demás. Es una forma estupenda de segmentar y así poder conseguir nuevos referentes para las reuniones semanales. Aún puedes afinar más y unirte a una organización de negocios exclusiva para mujeres o para hombres emprendedores.

A medida que el número de mujeres emprendedoras ha ido aumentando, han surgido grupos estructurados y bien organizados de mujeres para favorecer los contactos y ofrecer apoyo profesional. Algunos se centran específicamente en el intercambio de referentes; otros son más informales y ofrecen socialización e información sobre negocios en general. La mayoría incluyen la educación y el desarrollo profesional, así como la creación de redes de contacto, otros participan activamente en las cuestiones políticas que afectan a las mujeres. Puede que no resulte obvio, pero en alguno de estos grupos son bienvenidos los hombres como miembros. Y si eres un hombre en una organización con una participación predominantemente femenina, sin duda, ¡serás recordado!

Mantente activo

Cuando te unas a un grupo, preséntate como voluntario de un comité y participa en las actividades. Intenta elegir algún área que encaje especialmente con tu negocio, y encontrarás así a otros que comparten tu interés. Trabajar en proyectos con grupos pequeños siempre hace que sea más fácil conocer gente. Intenta cambiar de comité cada año para satisfacer a los diferentes miembros.

Si conoces a alguien interesante en un evento, sugiérele quedar para tomar un café o almorzar otro día y aprender más acerca de su negocio. Estas reuniones son un poco más personales y tienden a llevar adelante la relación profesional. Prepárate cuestiones específicas o comentarios, o sorpréndele preguntándole cómo podrías tú participar en alguno de los proyectos que vaya a poner en marcha y que te inte-

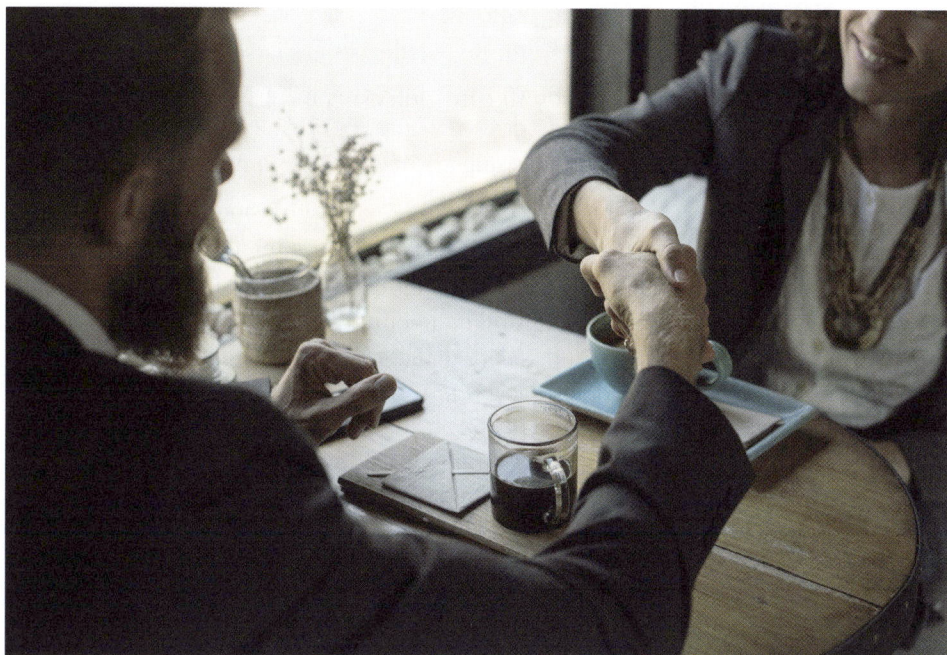

rese. Si mantienes esa actitud, la mayoría de la gente estará encantada de haberte conocido.

Ten compañerismo

◆ Crea una relación continua con aquellos que añadan valor a lo que haces. Por ejemplo, un *coach* de negocios y una organizadora profesional / especialista en productividad podrían servir a los mismos clientes, aunque de diferentes maneras.

◆ Desarrolla un paquete de *workshops*, que incluyan varios temas y mentores, e invita a que se unan aquellas personas cuyos negocios complementen los tuyos.

◆ Busca a otros profesionales que trabajen desde casa e inicia una reunión informal cada mes para almorzar y hablar de lo que sea de vuestro interés.

Selecciona

Asóciate con personas que tengan una actitud positiva y optimista, ya que te levantarán el ánimo y te ayudarán cuando tengas un problema. Aléjate de la gente negativa: es difícil que puedas cambiarla y, si lo intentas, solo conseguirás que te arrastre hacia abajo con ella. Casi todo el mundo puede beneficiarse de la estimulación mental y física que supone trabajar con otros, que, al igual que ellos, comparten energías. Así que, incluso trabajando desde tu casa, es posible empezar a tejer estas relaciones comerciales; tan solo tienes que hacer de ello una prioridad.

VISUALIZA, PLANIFICA, HAZLO

¿Gestión del tiempo o gestión de tareas?

Cuando hablamos de gestión del tiempo, en realidad estamos hablando de cómo gestionar las tareas en el tiempo. Y el paso número uno, al igual que en la organización física, es la purga: elimina tareas de tu calendario. ¿Hay algo que puedas eliminar en primer lugar para centrarte en la organización? Puede ser una actividad rutinaria, un evento o una reunión semanal. ¿Hay algo de baja prioridad que puedas eliminar para conseguir tiempo para priorizar tu necesidad de organización y vivir una vida más equilibrada? Esto incluye tanto tu calendario profesional como personal. Aprende a decir no. ¿Hay algo a lo que hoy puedas decir no que te libere de tiempo para mañana? No te sientas mal ni te avergüences por decir que no a alguien. En lugar de eso, considérate a ti mismo y a tu familia como prioritarios. Si temporalmente dijeras que no a algunas invitaciones, actividades o eventos durante los próximos seis meses, por ejemplo, te liberarías de muchísimo tiempo para invertir en lo que es realmente necesario ahora. Luego, una vez que te hayas organizado y puesto al día lo que más te apremia, y sientas que tu vida está más equilibrada, podrás empezar a decir sí otra vez.

En organización del tiempo, aplican las mismas normas genéricas a las que he hecho referencia en la introducción: expectativas modestas; no pretendas cambiarlo todo a la vez. ¿Qué tal si bloqueas cada día veinte o treinta minutos para dedicarlos a la organización de tu oficina o de tu casa? Utiliza el temporizador del horno, del microondas o de tu *smartphone*, elige una zona de tu casa o de tu oficina y empieza a ordenar y organizar. Te sorprenderás de lo que habrás conseguido al finalizar la semana. No necesitas pasarte un día entero o infinidad de horas para organizarte. Se trata de la suma de varios bloques de tiempo que construyen y crean el mayor de los impactos.

Mi siguiente consejo es que pidas ayuda. ¿Hay alguien que te pueda ayudar a realizar alguna tarea que te ocupe mucho tiempo? ¿O incluso que te ayude a purgar todos los papeles y cosas que inundan tu casa? ¿Quizás un familiar o un amigo?. Si

lo primero que te viene a la mente es el «miedo a las críticas», y tienes que superarlo. Como miembro de tu familia o amigo te respetará, y mucho más si ve que le pides ayuda para superar una situación de especial vulnerabilidad. Y si finalmente te juzga por tu aparente desorden, piensa que es por reflejo de sí mismo, no por ti. Aunque, como habrás imaginado, la mejor opción siempre es contratar un organizador profesional. Incluso si solo se trata de una hora o dos, permítete hacerlo para poder continuar. A veces, el hecho de que alguien nos ayude a empezar una tarea que nos tiene bloqueados es todo lo que necesitamos.

Cómo estructurar tu día cuando trabajas desde casa

Ya nos está quedando claro que trabajar desde casa puede ser lo mejor del mundo o la peor pesadilla. La tan deseada conciliación laboral con la vida familiar recae sobre nuestra entera responsabilidad. Tanto si eres hombre como mujer, te toca cargar con la mayor parte de las tareas domésticas por el hecho de que «estás en casa». Mientras trabajas en tu negocio, vas acordándote de las tareas que hay pendientes de hacer: la colada, la comida, la compra... y lo haces con sentimiento de culpabilidad. Pero cuando la llamada doméstica te puede y decides «poner una lavadora» o tender la ropa, te inunda una sensación aún peor: «¡Con todo lo que tengo que hacer, y estoy aquí tendiendo ropa!». Mi mejor consejo, desde la experiencia personal, es el siguiente: estructura tu día de trabajo como si estuvieras trabajando fuera de casa.

Estructura significa ponerte una alarma y levantarte cada día a la misma hora. Fíjate como objetivo a qué hora «llegarás» a trabajar cada día. Por ejemplo, si tu objetivo es empezar a trabajar a las 8.30 todos los días y antes quieres desayunar, arreglarte durante treinta minutos y hacer media hora de tareas domésticas, significa que tendrás que levantarte a las 7.30 todos los días. Lo que yo suelo hacer es usar la «parada para almorzar» para hacer alguna tarea doméstica. Solo debes tener la precaución de no despistarte y alargarlo dos o tres horas.

Pon un cronómetro o vigila el reloj y asegúrate de invertir únicamente la cantidad de tiempo que dedicarías al almuerzo si trabajaras por cuenta ajena. El resto del día de trabajo, dedícalo solo a tareas relacionadas con tu negocio. Es importante que las tareas que realices en este *break* sean siempre rutinarias y las mismas, más que nada para controlar el tiempo invertido y, sobre todo, que no te desconcentres demasiado de la tarea que estabas realizando.

En conclusión, hay que intentar simular que estás trabajando en una oficina real, en la que tienes una hora de llegada, una parada para almorzar y para comer, y sobre todo, una hora de finalización. Y durante esas horas, solo debes centrarte en realizar tareas de tu negocio y no domésticas, aunque te estén llamando a gritos. Sé que es difícil, y más si no cuentas con nadie que te ayude al principio y tienes niños, pero créeme que te sentirás más productivo al final del día, ya que habrás conseguido completar más objetivos. Cuando finaliza tu jornada de trabajo es cuando empieza tu «tiempo de labores domésticas».

A la hora de distribuir tus tareas en el tiempo, es necesario tener en cuenta cuántas *cabezas* tienes. Es curioso que sea un término que conozco desde muy pequeña, ya que se utilizaba el símil en una serie titulada *Nuestro amigo el espantapájaros* del año 1983, donde el espantapájaros se cambiaba literalmente de cabeza cada vez que tenía que pensar en temas determinados. Era una escena que me producía miedo y curiosidad al mismo tiempo, y la he recordado en infinidad de ocasiones. En realidad, se trata de diferenciar los distintos roles que tenemos en nuestro día a día: madre o padre, esposo o esposa, gerente, *community manager*, *webmaster*, administrativo, relaciones públicas… La lista puede ser interminable para un emprendedor en solitario. Una vez que los hemos identificado, se asigna a cada uno unas tareas determinadas y se encajan en los bloques de tiempo destinados a cada cabeza.

Pero ¿qué bloque de tiempo le asigno a cada rol? ¿Cómo elegirlo? En realidad, dependerá mucho de cada caso en concreto. Si eres una madre emprendedora con tres hijos, y aún no puedes delegar las tareas domésticas, tendrás que encajar tus tareas de negocio en los «huecos» que queden tras bloquear en el calendario las obligaciones familiares. Porque lo primero es lo primero, y si emprendes para poder pasar más tiempo con tu familia, no tiene sentido que les restes tiempo a ellos. Puedes elegir cuándo hacerlo, tú eres tu propio jefe, ¿recuerdas? De hecho, muchas mujeres emprendedoras con hijos suelen tener un horario parecido que empieza a las 4.30 de la mañana haciendo su sesión de gimnasia, seguida de las primeras tareas domésticas.

Sin embargo, si eres un emprendedor sin cargas familiares puedes tener el privilegio de diseñar tu horario desde cero, utilizando la técnica de los cronotipos. Un cronotipo es la clasificación genéticamente predeterminada de biorritmo que tiene cada persona en particular. El libro *The power of When*, del conocido médico del sueño Michael Breus, explica cómo identificar y vivir de acuerdo con tu reloj interior, que está influenciado por hormonas, enzimas y actividad circulatoria. Tener en cuenta tu biorritmo puede ayudarte a vivir de forma óptima. Breus identifica cuatro tipos de biorritmos e, incluso, aconseja con bastante precisión cuál es la mejor hora para hacer cualquier tipo de actividad rutinaria. ¡Es muy aconsejable echarle un vistazo! «No estar sincronizado con tu biorritmo es devastador para tu bienestar físico, mental y emocional», asegura en su libro.

Las referencias activas

Muchas personas disfrutan sosteniendo una competición amistosa con sus compañeros de trabajo. Eso las mantiene motivadas para mejorar o no bajar su nivel de rendimiento. De hecho, en cualquier tipo de prueba de desempeño en la que se premie en función de la clasificación es la clave para ganar. Pero si esas personas trabajan solas, paradójicamente pueden perder. Si crees que eres un poco así, es necesario *rediseñar tu sistema de competitividad*, que te mantendrá motivado en tu oficina en casa, de manera que se adapte a tu nuevo estatus: emprendedor en solitario. A continuación, te dejo algunas sugerencias para conseguir rediseñarlo que le funcionan a todo el mundo. No pierdas la perspectiva: aunque estás solo en tu despacho, juegas en un campo muy grande y con muchos competidores:

◆ Programa alertas de Google —google.com/alerts— con los nombres de tus competidores, así como las frases más comunes dentro de tu sector. Recibirás un *e-mail* de Google cuando alguna de esas palabras aparezca en una web, en noticias, artículos o blogs. De esta manera, siempre estarás informado sobre lo que aparezca en la red de tus competidores o de tu industria. Por cierto, ¡coloca también una alerta con tu nombre!

◆ Visita las webs y blogs de tus competidores para saber qué dicen y qué están haciendo. Analiza las técnicas que utilizan.

◆ Subscríbete a las *newsletters* de tus competidores para ver qué ofrecen a sus clientes.

◆ Únete a plataformas de *social media* que estén orientadas a tu negocio para posicionarte como experto.

◆ Afíliate a asociaciones para sacar partido del contenido formativo y las oportunidades de hacer *networking*.

◆ Subscríbete a publicaciones de la industria para mantenerte al tanto de las últimas novedades.

◆ Asiste a todos aquellos eventos formativos y sociales que estén relacionados con tu industria y conoce a los líderes, a los que «manejan el cotarro». Aprende de ellos.

◆ Visita las ferias comerciales de tu sector, compara sus productos y servicios con los tuyos, y mejóralos si es necesario.

◆ Los grupos de *networking* a los que te hayas unido son ideales, ya que al no haber miembros que compitan directamente entre ellos, te sentirás motivado por los éxitos de los demás y tendrás ganas de ponerte manos a la obra para no quedarte atrás.

Compite contra ti mismo

Si ya tienes claro cuáles son tus objetivos de negocio o personales, ponte manos a la obra y empieza a desarrollar los que sean más a corto plazo con el sistema SMART. Este acrónimo, que significa «inteligente» en inglés, se utiliza como recurso nemotécnico para recordar las principales características que debe tener un objetivo y, por tanto, sugiere cinco sencillas normas para su formulación:

◆ *Specific*: Objetivos específicos, definidos claramente, no genéricos o abstractos.

◆ *Measurable*: Debe ser cuantificable —dinero, kilos, kilómetros—.

◆ *Attainable*: Que sea alcanzable, que no sea una utopía.

◆ *Relevant*: Relevante para la visión de tu negocio o de tu vida.

◆ *Time-based*: Hay que enmarcarlo en el tiempo. Debe tener un principio y un fin.

Además:

◆ Diseña un sistema de control de los resultados relacionados con cada objetivo, por períodos de tiempo, y ve haciendo los ajustes que consideres adecuados con el fin de mejorar.

◆ Optimiza tu web para una mejor experiencia de navegación y para que sea SEO-*friendly*. Asegúrate de que está a la altura de las que existen en tu sector.

◆ Crea una estrategia de marketing apropiada para tu audiencia. Revísala semanalmente y, sobre todo, ponla en práctica.

◆ Crea una *e-newsletter* para mantenerte en contacto con tus clientes actuales y con los potenciales.

◆ Crea estadísticas para todas las acciones que lleves a cabo: *e-mails*, *posts*, teleconferencias, artículos, *newsletters*, eventos de *networking*, etcétera. Analiza esos resultados y fíjate nuevos retos para hacer crecer los números de manera constante con acciones que funcionen aún mejor.

◆ Cuando trabajes en grandes proyectos, divídelos en secciones más cortas, con un vencimiento que te motive para ser más eficiente. Plantéate cómo hacerlo mejor en el menor tiempo posible.

◆ Si se te presenta la oportunidad en alguna organización de tu sector, no tengas miedo a asumir el papel de líder. Que trabajes solo no significa que no puedas darte ese gustazo.

◆ Prémiate de alguna manera cada vez que consigas un objetivo.

Ser competitivo es motivador, así que mantente alerta de lo que los demás están haciendo.

Usa una agenda o un calendario

Una vez que tienes claro cuáles son tus roles y cuánto tiempo tardarás en realizar las tareas, la única manera de enfrentarte con el desafío de cómo emplear tus horas al día es usando algún tipo de planificador o un calendario. Yo uso ambos, una agenda y un calendario, ya que planificar y programar son en realidad dos funciones diferentes que no deberían mezclarse. Lo primero que deberías anotar serían todos aquellos compromisos con plazos específicos, es decir, aquellos que has de llevar a cabo un día y a una hora determinada, tanto personales como de negocios —función de calendario— y, a continuación, completar el tiempo que te quede libre con la lista de tareas pendientes —la función de planificador.

La primera pregunta que me hacen mis clientes cuando entramos en el tema de planificadores y calendarios es: «¿Papel o electrónico?». Ambos tienen ventajas y desventajas. Mi opinión personal es que la versión electrónica ofrece muchas comodidades, así que si eres un poco como yo, que me encanta tener las cosas escritas en papel y las agendas encuadernadas de todo tipo, realmente te recomiendo probar el método digital antes de decidir que no es para ti. Para mí, la combinación perfecta de herramientas de negocio es un *smartphone* con un planificador/calendario, lista de contactos, listas de tareas y la función de navegación, así como otras características útiles, disponibles a tu alcance. En cuanto al tema de la organización de las «tareas pendientes» en los espacios vacíos alrededor de los compromisos con plazos específicos, es mucho más fácil de hacer, por ejemplo, en una simple hoja de Excel que en papel.

Trabaja para ganar

Crearte listas de tareas y usarlas con eficacia es el secreto del éxito. A lo largo del día se te irán ocurriendo, de forma espontánea, cosas que hacer —ideas, recados, revisar un proyecto, comprar algo, hablar con alguien—, y si no te las apuntas enseguida, puede que las olvides. Así que, puesto que no podemos confiar demasiado en nuestra memoria porque ya tenemos suficientes cosas en la cabeza para mantenerla ocupada, es mejor ir anotando todo lo que se nos ocurra en una lista. Puede ser una tableta, tu *smartphone* o un pequeño bloc de notas. Cualquier cosa que puedas llevar contigo todo el tiempo, que te permita anotar lo que necesites y rápido, antes de que se te olvide.

Sea cual sea el tipo de lista que elijas, lo que deberías hacer es emplear una única lista, libreta o dispositivo para anotarlo todo, tanto ideas como tareas. No desarrolles el hábito de anotar las cosas en papelitos aquí y allá. He visto a muchas personas realmente agobiadas porque han empezado diez libretitas y anotan en la primera página que encuentran libre. Al final están todas atiborradas de listados o esquemas de todo tipo y el resultado es que no saben dónde buscar la siguiente acción, porque no tienen un orden visual donde poder revisar. Esto se consigue con listas de tareas pendientes, ordenadas y debidamente tachadas.

Quizá te pueda interesar dividir tu lista de tareas pendientes en categorías o roles, pero es importante que la tengas en el mismo sitio. De esta manera, sabrás exactamente dónde buscar cuando estés en el supermercado, de camino a una reunión, en tu tiempo para hacer llamadas telefónicas o cuando simplemente te «sobren» minutos en algún momento del día. Para hacer las cosas aún más fáciles, este único lugar donde deberías tener todas las listas debería ser el mismo en el que tienes tu planificador o calendario, así podrás transferir rápidamente una tarea de una de las listas directamente a tu planificador cuando veas que hay espacio en tu horario.

Programa tus tareas

Las listas de tareas pendientes son, pues, una gran forma de capturar todas aquellas cosas que necesitamos hacer. Pero cuidado, porque a simple vista pueden ser engañosas, ya que una tarea anotada que ocupe una sola línea escrita puede suponer dos minutos —una llamada telefónica— o dos horas —un presupuesto—. Cuando añadas un elemento a la lista de tareas pendientes, es importante que hagas una estimación de cuánto tiempo tardarás en hacerlo. Escríbelo al lado de la tarea, y eso te ayudará a programar cuándo hacer esa tarea mucho mejor. Si consigues hacer un cálculo bastante aproximado del tiempo que vas a tardar, podrías incluso programarlo en tu calendario, ya que será bastante probable que te dé tiempo de hacerlo.

Aun así, lo ideal sería que revisaras tu planificador y tu calendario semanalmente. La idea sería que empezaras a distribuir las tareas durante la semana, de manera que te permita cumplir con todo lo que necesitas hacer. Si te das cuenta de que un día determinado has programado demasiado trabajo en relación al tiempo del que realmente dispones para hacerlo, entonces puedes priorizar, renegociar o reprogramar. Asegúrate de que los proyectos más largos avanzan, dividiéndolos en pequeñas tareas, las cuales debes anotar en tu planificador. Eso te permitirá completarlos a tiempo.

Programa tareas específicas en momentos específicos

Si bien las listas de tareas pendientes son útiles para recordarte lo que tienes que hacer, no son en absoluto útiles para hacer las cosas. Si no decides exactamente cuándo vas a hacer una tarea, lo más probable es que permanezca anotada en la lista, a la espera de que encuentres un momento libre. Puesto que eso rara vez sucede, el resultado es una lista de tareas que crece cada día más y más. ¿Te suena?

¡Si usas tu planificador, conseguirás hacerlas todas! Un planificador te ayuda a construir tus días de trabajo de forma casi automática. El día se estructura en torno a tareas que necesitan ser completadas en una fecha y un horario específicos, es decir:

◆ Primero se anotan los compromisos en fechas concretas que, en principio, son inamovibles: reuniones, citas con el médico, citas con clientes, etcétera.

◆ A continuación se añaden tareas de tu lista de tareas pendientes, en función de las fechas de vencimiento —es decir, por prioridad—. Al haber tomado nota de cuánto tiempo tardarás en realizar las tareas, podrás encajarlas en tu

horario en los bloques de tiempo disponibles o libres, al igual que si fueran citas y/o plazos específicos.

Esta técnica es una valiosa herramienta de gestión del tiempo porque logra dos cosas importantes:

1. Te proporciona un «sistema de prevención de alertas» que te avisa cuando has programado demasiadas cosas en un solo día.

2. Elimina la pregunta «¿Qué tengo que hacer hoy?», porque el planificador programa casi automáticamente tu día.

Crea bloques de tiempo

¿Recuerdas que cuando ibas al colegio el horario estaba dividido en bloques correspondientes a asignaturas? Pues este es el gran secreto de las personas que están realmente organizadas: hacen lo mismo con su jornada de trabajo, ¡y con su vida en general! Y tú también lo deberías hacer. El día a día es tan estresante que normalmente no tienes tiempo para sentarte y desarrollar un proyecto largo que te lleve varias horas, así que lo mejor es que lo dividas en bloques de tareas más pequeñas. Si asignas ciertos períodos de tiempo durante el día para los diferentes tipos de tareas que necesitas hacer, podrás avanzar en todos ellos, te lo aseguro. Esto es mucho más práctico que dedicarte exclusivamente a un proyecto largo y descuidar todos los demás. Acuérdate de programar un descanso entre tareas, como si estuvieras cambiando de clase. Puedes caminar un poco, hacer una tabla de ejercicios de diez a quince minutos o llamar a alguien, por ejemplo. Luego, vuelves a empezar, renovado, para abordar el siguiente tipo de trabajo.

La tarea vinculada a esta serie será, pues, la de crear tu propio «horario de trabajo», que puede tener un diseño parecido al esquema de más abajo, que es el más sencillo que suelo utilizar con mis clientes para empezar a trabajar. Si te sientes más cómodo con la versión digital, créate una plantilla de calendario semanal en una hoja de cálculo y empieza a colocar primero las tareas que son más rutinarias, las que haces siempre a las mismas horas. Divide los días en períodos de trabajo de una hora o más cada uno y ajusta tu semana de manera que encuentres bloques de tiempo «reservados» para cada tipo de tarea que necesites hacer, lo que equivaldría a las asignaturas.

MI HORARIO DE TRABAJO

	LUNES	MARTES	MIÉRCOLES	JUEVES	VIERNES	SÁBADO	DOMINGO
MAÑANA							
MEDIODÍA							
TARDE							
NOCHE							

Por supuesto, habrá momentos en los que te encuentres con un «cuello de botella», en los que será más importante estar a pleno rendimiento terminando un solo proyecto de alta prioridad que estar a medias con otros de baja prioridad. Si se presenta el caso, haz una excepción y reasigna los otros trabajos para otros días.

Lo primero es lo primero

Deberías ponerte a trabajar con los proyectos más importantes a primera hora de la mañana. Céntrate y no permitas que te desvíe de tus objetivos el hecho de revisar los correos electrónicos o los mensajes de voz. No los mires a primera hora nunca, porque seguro que encontrarás algo que té hará cambiar todo lo que habías planificado y, en consecuencia, el tiempo planeado para desarrollar un proyecto importante lo habrás dedicado a «apagar un fuego» que, probablemente, podía esperar un par de horas. Si surge una emergencia real, puedes estar seguro de que alguien te llamará por teléfono en vez de enviarte un *e-mail*. Y si no es así, quizás deberías revisar tus procedimientos. El hecho de estructurar tu día de trabajo te aportará sensación de control y te mantendrá productivo.

Ya hemos visto cómo, sin un plan, es fácil agobiarse haciendo tareas que no son realmente importantes y perder el día sin haber conseguido completar casi nada. No debemos confundir actividad y *productividad*; puedes estar todo el día trabajando sin parar y no haberte acercado en absoluto a tus objetivos. Deja que tus citas programadas y tu lista de tareas creen tu jornada laboral de manera natural, para asegurarte de que conseguirás hacer lo que necesitas.

Parte 3
Material de oficina y productos

Artículos rotos, estropeados o devoluciones

Algunos emprendedores trabajan en la creación y venta al detalle de productos que, en ocasiones, son objeto de incidencias tales como defectos de fábrica, roturas, devoluciones, etcétera. Si trabajas en una oficina, un taller pequeño o incluso desde tu casa, debes implementar ya un sistema para gestionar todos estos artículos; de lo contrario, se convertirán en tu desorden y supondrán un gran volumen en pérdidas difícilmente recuperables.

Una vez más, se trata de establecer prioridades. Si cuentas con una larga lista de artículos para reparar, por ejemplo, no podrás hacerlo todo al mismo tiempo. Es lo mismo que hemos visto sobre tu lista de tareas o de proyectos: tendrás que ir solucionando uno a uno cada problema y, cuando hayas acabado —o hayas llegado a un punto en el que tengas que esperar la acción de otra persona o una pieza de recambio—, podrás pasar al siguiente. Así pues, te recomiendo que crees una lista con todo aquello que necesita ser reparado o devuelto a fábrica, y que está evitando que continúes con tu organización porque produce ruido físico o desorden en tu espacio. Tan solo el hecho de anotarlo y tomar una decisión sobre qué hacer en cada caso ya supondrá un gran avance, puesto que no será una acumulación de decisiones pendientes, sino una lista de tareas en proceso de eliminación.

Una vez que hayas hecho esa lista, establece prioridades. En otras palabras, pregúntate a ti mismo qué es lo que necesitas que sea reparado hoy, qué puede esperar a mañana y qué a la semana que viene. No es necesario que sea exactamente en estos intervalos de tiempo, pero sí prioriza por orden. Cuando estés tomando la decisión de crear esas jerarquías, ten en cuenta cuál de esos artículos te está causando el mayor inconveniente en tu día a día. El criterio puede ser económico —un cliente lo espera— o porque ocupa demasiado espacio. Tú decides, ya que no es lo mismo hablar de piezas de bisutería que de piezas de muebles, por ejemplo. Será entonces cuando tengas que empezar a arreglar durante el día de hoy, en el bloque de tiempo destinado a ello, aquel artículo que hayas identificado como de mayor prioridad. Esa será una de tus tareas más importantes del día. Cuando termines, pasa a la segunda, luego a la tercera y así sucesivamente.

Debes encontrar tiempo en tu horario para dedicarlo a estas cuestiones, y más, si estamos hablando de cosas de gran volumen por un tema de espacio. Sería suficiente que pudieras dedicarle tan solo diez minutos al día a reparar el primer artículo, aunque sea para buscar en internet una persona para que lo arregle. Incluso esos

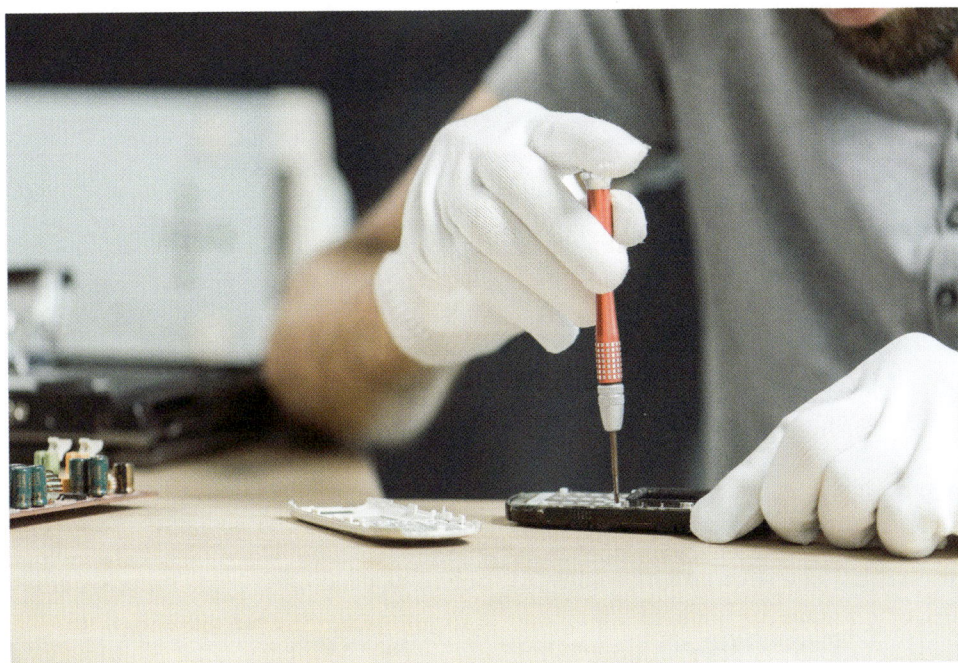

diez minutos son tiempo productivo porque diez minutos durante seis días seguidos supone una hora de tiempo invertido en la reparación de ese artículo. No es necesario ponerse el listón muy alto y querer reparar algo en un solo día; si progresas algo hoy, estarás un paso más cerca de que esté solucionado mañana.

Un tema muy importante es la viabilidad. Cuando hablamos de «arreglar» algo, hay que tener en cuenta que solo vale la pena si puedes conseguir devolverlo a su estado original, ya que si la inversión de tiempo y de recursos no compensa, quizá la reparación no es la opción más viable. Valora otras opciones, como sustituciones en el caso de que sea necesario.

En cuanto al método de almacenaje de esos productos «defectuosos», todo depende del volumen del objeto a arreglar. Volviendo a los ejemplos anteriores, si te dedicas a la fabricación de bisutería, puedes optar por cajoncitos de plástico de los bazares orientales, los de Ikea o bien los cajones de madera personalizables de Leroy Merlin o Amazon, e incluso otros más sofisticados de metacrilato de la casa Muji. Esto sirve para cualquier otro artículo de volumen similar. En cuanto a volúmenes más considerables, optaría por estanterías colgadas en la pared, más o menos robustas, más o menos industriales, en función del objeto. Si estás en la rama textil, puedes usar también estanterías de Ikea con módulos combinables entre baldas, cajones y cestos, y si has de colocar, por ejemplo, muebles auxiliares, espejos, marcos, etcétera, optaría por alguna estantería metálica de Leroy Merlin o Makro.

Plan de acción: Si tu producto de venta es un elemento físico, conviene que crees un sistema de gestión de incidencias cuanto antes. Es la gran arma de los departamentos de calidad en las empresas y te puede servir, incluso, para mejorar tu producto y tu servicio haciendo las lecturas correctas. Crea una lista de tres columnas: 1.ª: Descripción del ítem; 2.ª: Detalle de la reparación; 3.ª: Prioridad. Luego, en función de las características de tu negocio, decide si lo haces tú o no, cuándo, y, sobre todo, qué costes te va a suponer.

Productos de organización

Si estás de alquiler y no quieres invertir dinero ni hacer obras para crear sistemas de organización, y los dueños tampoco te dejan hacer muchas modificaciones en el espacio, aún puedes encontrar soluciones a tu medida. Uno de los grandes retos cuando trabajamos desde casa, estamos de alquiler y queremos estar organizados, es el hecho de establecer sistemas temporales de organización que se monten fácilmente e igual de fáciles de desmontar y ser trasladados a un nuevo hogar, en el caso de que nos tengamos que mudar.

Imaginemos, por ejemplo, que sabes que te vas a mudar en un plazo aproximado de seis meses, pero necesitas estar organizado a día de hoy. Si ese es tu caso, no deberías invertir demasiado tiempo en encontrar los productos de organización «perfectos» para el espacio que tienes actualmente. Probablemente tampoco cuentas con la facilidad de colocar estanterías en las paredes porque el propietario no te lo permite. En lugar de eso, busca funcionalidad y compra productos de organización que después te encajen en cualquier sitio. Es decir, no pierdas demasiado tiempo buscando la caja o cesta que te gusta y que encaja a la perfección en el hueco que tienes ahora mismo, porque puede que en seis meses ya no lo tengas. Busca aquello que creas que puede encajar también en tu próximo hogar u oficina. Se trata de ser más eficiente al priorizar la funcionalidad y no la perfección, mientras estés de alquiler por un período corto de tiempo. Luego, una vez te mudes por un período más largo o a un hogar en propiedad, invierte el tiempo necesario en implementar sistemas permanentes con el nivel de detalle que necesites, puesto que estarás allí por un tiempo. Veamos algunas ideas.

Configuración de sistemas autónomos de almacenamiento

Cuando no se pueden instalar muebles empotrados o clavarlos a la pared, la mejor opción es la creación de sistemas independientes de almacenamiento. A continuación, te enumero unos cuantos, que puedes instalar fácilmente en tu espacio y trasladados igualmente a tu nuevo hogar. La cajonera independiente modelo Algot de Ikea es ideal para la parte baja de armarios, estanterías y debajo de escritorios. Otra opción, también de la tienda sueca, es la del modelo Hindö, que cuenta con varios modelos que puedes encajar en tu espacio. Otra opción simplemente excelente para mí es el modelo Elfa, que ya podemos tener en nuestro país gracias a la tienda «Orden en Casa», que envía e instala a domicilio. Tampoco podemos olvidar los también muy económicos muebles auxiliares que encontramos hoy en día en los bazares orientales.

En cuanto a lo que vamos a almacenar dentro de estas unidades independientes, ya he comentado que cualquier cosa puede encajar a la perfección, desde ropa a zapatos, pasando por bolsos, folios de colores o, incluso, la papelería de tu negocio. Debido a su versatilidad, estos muebles independientes que hoy puedes usar en tu oficina, mañana pueden estar en un armario empotrado o en tu galería.

Productos de organización apilables

Puedes ubicarlos encima de armarios, aparadores o cualquier superficie con el fin de maximizar el espacio en esos lugares donde normalmente se pierde. Te recomiendo que estos cestos, cubos o cajitas sean independientes unos de otros, con el fin de poder categorizar cada una de ellos por separado e ir cambiándolo de sitio si es necesario. Mis productos favoritos son las cajoneras apilables vertical y horizontalmente de Leroy Merlin, que se pueden unir entre ellas o utilizar de manera independiente. Además, tienen el frontal personalizable, de manera que se puede introducir un letrero o incluso una fotografía de lo que guardemos dentro de ellas. No son muy económicas, pero tienen una gran versatilidad.

Organizadores de cajón independientes

Si además de falta de espacio, eres de los que constantemente necesitan tener puertas y cajones abiertos para poder acceder a los utensilios, una solución son los organizadores de cajón independientes; algunos incluso aparecen en formato caja, la cual puedes ubicar en cualquier sitio y tomar fácilmente para revisar con comodidad encima de una superficie.

Cuelga sin taladrar

Sin duda, esta es la solución estrella. Si habías planificado añadir unos ganchos a la pared o a la puerta para colgar algo, pero no quieres o puedes hacer agujeros los ganchos de 3M Command son la mejor opción, pues al ser adhesivos te permiten colgar en la pared hasta determinado peso sin necesidad de taladrar. Hoy en día hay varias opciones en el mercado; desde bandas adhesivas de gran adherencia a los ganchos de siempre. Los más conocidos son los de la marca que acabo de comentar, que puedes encontrar en varios tipos de comercios, así como en Amazon. Los modelos más útiles son los siguientes:

◆ **Command 17202:** Tiras de fijación para cuadros de tamaño pequeño, carga máxima de 1,8 kg y 8 unidades.

◆ **Command Bilder Montagestreifen:** Bandas adhesivas de agarre intenso: 2 unidades soportan una carga de hasta 1 kg.

◆ **Command 17206:** Tiras adhesivas para colgar cuadros: 8 unidades, tamaño L y carga máxima de 7,2 kg.

Son una gran opción porque se pueden quitar fácilmente sin que quede dañada la superficie y, como puedes comprobar por la descripción, aguantan bastante. No he visto mucha variedad de colores en el mercado español, pero los básicos en blanco, negro y transparente encajan con cualquier espacio que estés organizando. Y lo mejor de todo es que no son de usar y tirar, sino reutilizables, por lo que puedes usarlos en tu casa u oficina de alquiler hoy día y volver a utilizarlos en tu siguiente domicilio.

✏ **Plan de acción:** Haz un plano de tu espacio y piensa qué tipo de productos de organización de los comentados o similares te podrían servir y qué colocarías en ellos. ¿Cada cosa tendría su sitio? Pues, ¡a instalarlo sin dejar huella!

Elegir el lugar donde colocar los artículos

Ya hemos hablado de esto de una manera más genérica. Para empezar, márcate como objetivo implementar unos sistemas completamente funcionales. Después, y solo después de que funcionen de manera eficiente, empieza a afinar todos los demás detalles que consideres esenciales. Este último paso puede llevarte mucho tiempo, sobre todo si eres de esas personas cuyo perfeccionismo les impide tomar decisiones rápidas.

Ve paso a paso. Cuando tu proyecto de organización ya es completamente funcional, técnicamente has acabado, así que puedes empezar a funcionar, no lo prorrogues más. Puede que falte ese nivel extra para ser «ideal», pero poco a poco. Si eres una persona muy práctica y funcional puede que no entiendas de lo que estoy hablando, pero los más creativos y/o perfeccionistas seguro que sí. Llegar a ese nivel ideal supone invertir algo más de tiempo buscando aquí y allá el elemento o pieza del puzle que hará que encaje todo a la perfección y que sea, además, visualmente agradable. A veces puede ser personalizar un archivador concreto, otras veces crear un organizador DIY para el escritorio, el perchero que has visto en Pinterest o incluso un cuadro decorativo, es decir, la pieza que falta no suele ser esencial para nuestra productividad y puede conseguirse más adelante. En los siguientes apartados encontrarás muchas ideas concretas que te inspirarán para elegir el lugar más idóneo.

✏ **Plan de acción:** Crea un listado de las acciones que necesitas hacer para organizar un espacio o un sistema de archivo, por ejemplo. Sepáralas en dos columnas: las necesarias y las accesorias. Cuando hayas tachado las primeras, ya puedes empezar a utilizar ese sistema e ir «perfeccionándolo» con las tareas de la segunda columna, poco a poco.

Organización de productos para profesionales *in itinere*

No hay gran variedad de productos en el mercado español que te ayuden a organizar y transportar aquellos objetos que necesitas para desarrollar tu trabajo *in itinere* o en destinos diversos. Es el caso de un comercial, una maquilladora o una peluquera a domicilio, un fotógrafo o, incluso, mi caso: ¡una organizadora profesional! Por eso he llegado a la conclusión de que muchas veces hace falta algo de creatividad o imaginación, y dar la oportunidad de usar sistemas de almacenamiento que hayan sido pensados inicialmente para otro propósito.

Maletas

¿Alguna vez has probado llevar material de trabajo en las maletas de viaje que ya tienes? Sería una solución gratuita, ya que estás usando algo que ya tienes. Durante un período de tiempo estuve usando maletas de viaje con ruedas para transportar mis materiales de trabajo. Dentro puede ir todo organizado en cajas de plástico y maletines de esos de herramientas o anzuelos con separadores. Incluso podrías usar algún tipo de fiambrera. En el caso de que tenga una de esas tapas que se abren fácilmente, la puedes asegurar con una goma elástica y ya está. Ahora, si lo que quieres es una maleta pensada para vendedores y guardar muestrarios o gran cantidad de productos, pero no demasiado grande, la maleta Züca es excelente. Aunque es cara, es una maravilla, pero puedes encontrar otras más discretas. Viene ya con las bolsas de plástico como compartimento, que puedes etiquetar individualmente. Además, en algunos modelos puedes incluso sentarte encima si estás cansado de estar de pie en tus viajes.

Otra de las opciones es utilizar maletas para organizar *scrapbooking* (como la de la fotografía), que es un *hobby* que implica gran cantidad de utensilios y papeles de todos los tamaños, con lo que dichas maletas nos garantizan una gran funcionalidad.

Viajar con documentos

Lo primero que nos hemos de plantear es con qué tipo de documentos vamos a viajar. Si se trata de unas cuantas carpetas manila, te puede servir una caja de carpetas colgantes con asa o, incluso, un maletín de plástico de separadores extensible de los bazares orientales. Otra de las opciones para viajar sería utilizar

una maleta de la casa Esselte para carpetas colgantes que puede transportar hasta 15 carpetas llenas.

Si tienes que viajar con la finalidad de dar una conferencia y llevar contigo diversos materiales de marketing, como *flyers*, trípticos, tarjetas de visita, etcétera, cualquiera de las opciones comentadas es ideal para mantener todos esos materiales separados y a salvo de arrugarse o mancharse. En el caso de la maleta, los *flyers* y los trípticos podrían colocarse dentro de las carpetas colgantes, mientras que las tarjetas de visita pueden guardarse desde en un neceser hasta en una bolsa de congelación de cocina.

Otra posibilidad, en lugar de la caja de archivos para los materiales de marketing, es usar sobres de polipropileno con cremallera. Yo les doy varios usos en mi oficina y me parecen geniales porque son baratos, ligeros, resistentes al agua, se pueden doblar, algunos son transparentes y lo mejor de todo es que algunos llevan cremallera. De momento, los he encontrado en tamaños A4, A5 y A3. Lo que recomiendo es que si has de poner, por ejemplo, *flyers*, los fijes primero con un clip de tipo pinza para mantenerlos aún más seguros y prevenir que se desordenen si el tamaño del sobre es algo mayor.

Finalmente, si eres consultor y tienes que asistir a eventos, *workshops* o reuniones y llevar contigo trípticos, hojas de pedidos, encuestas impresas u otro tipo de material de marketing, pero no te ocupa una maleta entera, considera crearte un «bolso archivador de viaje» para mantenerte organizado. Como hemos comentado al principio, imaginación al poder, así que te sugiero hasta usar algún tipo de revistero con asas: tienen un diseño original, gran capacidad y son resistentes.

Ruedas instantáneas

Si ya dispones de un organizador —una caja grande o maleta— que normalmente llevas de aquí para allá pero que supone un esfuerzo de transportar, por el peso y/o las dimensiones, podrías añadirle de forma bastante fácil unas ruedas en la parte inferior para poder arrastrarlo. Puedes encontrar ruedas hasta en los bazares orientales y puedes añadirlas prácticamente a cualquier cosa que desees que ruede, pudiendo llegar a soportar bastante peso. Solo tienes que usar adhesivo de doble cara resistente o tornillería para superficies de madera.

> ✎ **Plan de acción:** Identifica cuáles son tus necesidades de almacenaje y transporte de documentos. Selecciona el material ideal y ¡a viajar!

Los mejores protectores para usar en un archivador de anillas

Cuando creamos un archivador para un proyecto o, incluso, el archivador de «documentos activos» que necesitamos tener al alcance de la mano con más frecuencia, hay bastantes tipos de protectores o separadores que podemos utilizar en el mercado. Son ideales porque así no necesitamos agujerear documentos que, a lo mejor, tenemos que usar de manera temporal o que, por motivos estéticos, no queremos troquelar. A continuación, comparto una lista de mis favoritos:

◆ **Fundas perforadas Esselte A4 16 transparente.** Son las básicas fundas perforadas con apertura superior. Puedes guardar entre cinco y diez páginas en una sola hoja. También las hay con el borde de color por si queremos diferenciarlas.

◆ También existen **fundas perforadas de polipropileno A4 para archivar CD.** Con capacidad para dos CD. El formato DIN A4 dispone de espacios laterales para guardar etiquetas.

◆ **Fundas Office Depot** transparentes para 200 tarjetas, 21,6 x 30 cm y 10 unidades. Están pensadas para guardar tarjetas de visita, pero las puedes usar para guardar cupones de descuento de los que envían o nos dan en las tiendas o cualquier otro papel que encaje en el espacio. Ahora también las tenemos en Hema, tienda holandesa que hace relativamente poco se ha instalado en nuestro país.

◆ **Sobres con cierre de velcro perforados**. Estos son unos sobres o bolsillos muy útiles de polipropileno transparente y que no faltan en los sistemas que implemento para mis clientes. Puedes introducir bastante cantidad de folios tamaño A4 e, incluso, manuales de grosor estándar. Además, tienen un cierre de velcro para evitar que se abra la solapa. La apertura es lateral o superior, lo que hace que tanto introducir como sacar hojas sea muy cómodo. Por el momento, solo los he encontrado en tamaño A4.

🖋 **Plan de acción**: Ahora, vuelve a tomar libreta y bolígrafo y anota cuáles son las necesidades específicas para tus documentos en archivadores de anillas.

Parte 4
Tu estilo organizativo

¿Conflictos por desorden o solo distintos estilos organizativos?

Siempre me ha gustado observar las diferentes formas de trabajar de las personas. Todo el que haya pasado cierto tiempo trabajando en una misma empresa, habrá visto que un mismo puesto de trabajo ha sido ocupado por varios empleados. Y es curioso que siendo las tareas las mismas, y también los objetivos a conseguir, la forma de organizar el espacio físico, los documentos o incluso la manera de realizar las tareas son totalmente diferentes de una persona a otra.

En el contexto de un hogar, la misma cocina puede tener un aspecto completamente distinto en una familia que en otra, cuando la actividad que realizamos en ella es prácticamente la misma: cocinar y comer.

En el ámbito laboral, aparte de otros factores, las diferencias radican en que básicamente cada persona tiene su propio estilo organizativo. Estas diferencias pueden llegar a ser, además, un constante motivo de conflicto porque algunos no soportan el «desorden» o la manera de hacer del otro: «¡Pero mira cómo tiene la mesa!» o «Hay que ver lo que se complica para hacer una fotocopia». Esto, casi nunca, son conflictos por desorganización, sino conflictos entre estilos de organización.

¡Y no hablemos de los conflictos entre estilos de organización entre parejas! Literalmente, algunos terminan en divorcio porque sus diferencias se acaban sacando de contexto. Para nosotros, los organizadores profesionales, es un tema bastante fácil de solucionar. Como norma general, todos pensamos que tomamos las decisiones más acertadas o que tenemos las cosas —o la vida— mucho mejor organizadas que el prójimo, pero cuando se trata de organización física de un espacio, no existe «la manera correcta» de hacer las cosas.

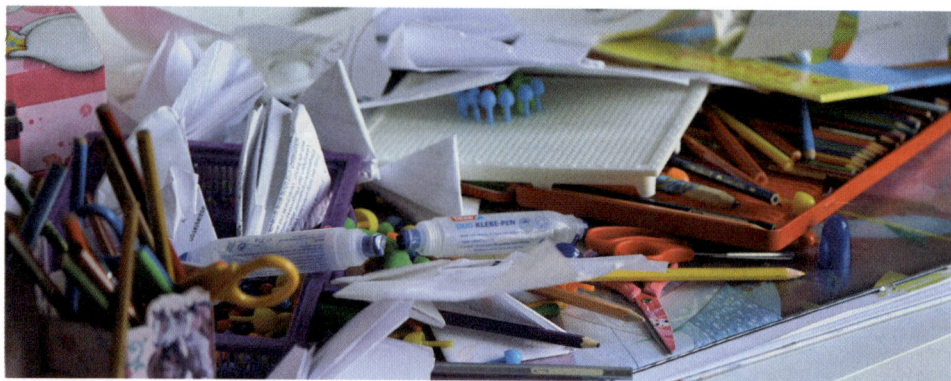

¿Quieres saber cuál es tu estilo organizativo?

He creado cuatro tipos de personalidades organizativas. Son estereotipos, así que es posible que no te identifiques con uno solo de ellos, sino en ciertos porcentajes con varios. Al final, encontrarás un *link* para ver mis consejos de organización para cada uno de los estilos. ¡Me encantaría saber cuál es el tuyo! ¿Te acordarás de comentármelo en las redes sociales? Cada personaje tiene su *hashtag*.

Las cuatro tipologías de organización

Ana la Ocupada

Ana siempre tiene en mente infinidad de proyectos, pero prefiere dar prioridad a aquellos que requieren llevar a cabo tareas pequeñas, que incluso pueda combinar entre ellas, pues es una perfecta «chica multitareas». Y es que no le gusta realizar proyectos muy largos, se cansa de trabajar en lo mismo durante demasiado tiempo seguido. Ella prefiere más diversidad. Trabaja un poco en la tarea A, luego pasa a la B y en un rato vuelve a la A mientras hace algo de la C porque ha calentado motores. Los proyectos más largos suele procrastinarlos prácticamente siempre...

Ana es muy visual y necesita que las cosas en las que está trabajando —o necesita trabajar en breve— estén a la vista; si no, teme olvidar que tiene que acabarlas o hasta empezarlas. Los objetos y papeles en sí mismos son el recordatorio de sus tareas o de sus objetivos. ¡No sabe dónde guardarlos para que no sean después un problema! Tiene una especie de lucha interna, ya que reconoce que su propio desorden, aunque controlado, la distrae fácilmente y la molesta, pero es que necesita que todo esté donde está; si no, siente una especie de pánico por olvidar responsabilidades o cometer errores.

¿Cómo puedo saber si soy como Ana?

Existen varias versiones de Ana, pero si eres un poco como ella, seguramente tu casa o tu oficina estarán un poco desordenadas, y si abres un cajón o un armario, es bastante probable que esté casi vacío porque no los usas.

Eres del tipo de personas que siempre están ocupadas, haciendo muchas cosas a la vez, pero al final del día, tomas conciencia de que realmente no has cumplido ningún objetivo significativo, estás agotado porque no has parado y, además, todo está por medio, sin guardar. Si eres como Ana, eres un gran colaborador. Te encanta mejorar procesos para ayudar a que otros realicen mejor su trabajo. Puedes llegar a ser increíblemente productivo, pero necesitas establecerte unos límites.

A continuación, te daré unos consejos que puedes seguir para lograr organizarte con tu propio estilo, que son algunos en los que me baso en mis proyectos de organización cuando trabajo con clientes que son como Ana y como tú. ¡Espero que te sirvan!

Nueve consejos para organizarme si soy como Ana la Ocupada

Si crees que eres como Ana, aquí te dejo nueve consejos para que te organices siguiendo tu propio estilo organizativo, que es lo que te dará la clave para no volver al círculo vicioso de organización-desorganización, fruto de intentar adaptarte a sistemas que no son los que realmente encajan con tu personalidad organizativa.

1. Intenta tener cuidado de no desordenar demasiado tu casa o tu oficina. El hecho de tener que organizar un espacio entero te consumiría demasiado tiempo y energía si debes hacerlo tu solo.

2. Programa en tu horario de cada día, al menos, quince minutos para «organizar». Escoge un área diferente cada día, pero que sea siempre a la misma hora.

3. Cuando saques algo de su sitio, vuélvelo a guardar en cuanto hayas acabado de trabajar. La palabra *después* deberías borrarlas de tu diccionario.

4. Para poder volver a utilizar tus armarios y cajones usa cajas transparentes, sin tapas, para ver el contenido, o cestas o contenedores con código de colores que puedas identificar con categorías nada más abrir.

5. Etiqueta, etiqueta y etiqueta. Puede ser con palabras o con dibujos. Necesitas almacenar tus pertenencias siempre con recordatorios visuales de lo que hay dentro; si no, preferirás dejarlos «por ahí a la vista».

6. Los ganchos que se pegan con un adhesivo a cualquier superficie son tu mejor aliado. Te permiten tener cosas a la vista, pero puedes ocultarlas en el lateral de un armario, detrás de una puerta o aprovechando un espacio vertical en la pared. La cuestión es evitar cosas por el suelo o por encima de las mesas.

7. En tu caso, es mucho mejor optar por una estantería, antes que por un armario. Necesitas espacios abiertos.

8. Recuerda que tu casa y tus cosas son importantes, pero no dejes que pasen por encima de tu vida personal.

9. Desglosa esos grandes proyectos en cinco partes. Si aun así crees que sigue suponiendo tareas demasiado largas, divide cada una de ellas en cinco más y dedícate a hacerlas en pequeños períodos de tiempo.

Antonio el Máquina

Antonio tiene una gran capacidad de trabajo. Es muy analítico, pero puede llegar a precisar tanto en los detalles que le resulta difícil encontrar el momento en el que decir basta. Su cabeza es capaz de idear complejos sistemas de organización; sin embargo, se mueve mucho mejor en el mundo virtual, porque esos sistemas son difíciles de llevar a la práctica cuando se trata de objetos o papeles.

Cuando Antonio se pone a trabajar, se desconecta del resto del mundo, y no levanta la cabeza hasta que no acaba lo que tiene entre manos. Esto le juega de vez en cuando malas pasadas, ya que al levantar la cabeza se da cuenta de que está rodeado de fuegos que han saltado por todas partes. Y es que ¡le encantan los proyectos largos!

¿Cómo puedo saber si soy como Antonio?

Existen varias versiones de Antonio, pero si eres un poco como él, seguramente tu casa u oficina estarán llenas de papeles o cosas apiladas en montoncitos, perfectamente definidos, aquí y allá. Probablemente, alguno de esos montones se haya mantenido intacto durante semanas, ya que no has tenido tiempo de ponerte con ese tema. Tu escritorio suele ser el que tiene restos de algo que has comido mientras trabajabas, y alguna que otra taza de café —o vasito de la máquina—. Si alguien te interrumpe mientras trabajas, levantas la cabeza y le fulminas con la mirada, ¡acaba de cargarse un momento de gran concentración!

Si eres como Antonio, tienes una gran capacidad para desglosar los proyectos en fases y categorías, y ves claramente los pasos a seguir. No te gusta hacer las cosas al tuntún y trabajas mejor solo.

Si crees que eres como Antonio el Máquina, aquí te dejo nueve consejos para que te organices siguiendo tu propio estilo organizativo:

1. Si consigues establecer un sistema de archivo para tus documentos, no te será difícil mantenerlo; solo necesitas encontrar el momento para crearlo e implementarlo. Reserva un tiempo en tu horario para dedicarte a organizar aquello que más te agobie de tu casa o u oficina.

2. Frena un poco tu perfeccionismo y limita el nivel de detalle. Crea macropilas, y no micropilas. El objetivo es eliminar el desorden cuanto antes. Siempre hay tiempo después de ir perfeccionando el sistema. No pretendas hacer realidad lo que tienes en mente de la noche a la mañana.

3. Tu mejor aliado para la oficina: un sistema de archivo de carpetas colgantes en un armario, cerca de tu escritorio o encima de él. Empieza creando categorías genéricas; siempre hay tiempo y espacio con estos sistemas para añadir más detalles.

4. Tu ropa, sin duda, está mejor colgada que doblada en el armario. El hecho de colgarla te permite crear sistemas de organización más complejos, teniendo en cuenta el color, el estilo, el tipo de manga o la estación.

5. Las estanterías son ideales para ti como método temporal. Si necesitas apilar tus categorías de papeles o de objetos, hasta que llegue el momento de procesarlos, utiliza las estanterías, no los dejes encima de tu escritorio, la mesa de la cocina o del comedor. Siempre puedes usar bandejas o cestos para mejorar un poco más la estética.

6. Utiliza cestos y bandejas con etiquetas, y cajas con divisiones para recordar qué hay en cada uno de los grupos.

7. Antes de empezar a trabajar, si lo haces desde casa, apaga el televisor, la radio y el móvil. Necesitas la máxima concentración. Si trabajas en una oficina, y tus res-

ponsabilidades lo permiten, «educa» a tus compañeros a que, en cierto período de tiempo, no te interrumpan.

8. Usa ese *smartphone* de última generación que tienes y cronometra el tiempo que inviertes en los proyectos largos. Es genial que cumplas objetivos, pero de vez en cuando va bien hacer descansos y comer algo. También te iría de perlas que te anotaras en el calendario que te avise periódicamente para encargarte de todos aquellos proyectos para los que nunca encuentras el momento.

9. Los papeles son tu principal problema: cómprate una destructora de papel. ¿Conoces el principio de Pareto? Pues también se aplica aquí: el 80 % de los documentos que guardamos se pueden destruir o reciclar.

Clara la Funcional

A Clara le gusta ser práctica. Se estresa enormemente con el desorden en cualquier lugar, por lo que necesita que su espacio de trabajo o de descanso esté libre de cosas; si no, no se puede relajar o trabajar. Su lema es: «Todo guardado. Donde sea, pero fuera de la vista». La parte negativa de su buena costumbre es que, si hay alguna cosa o documento que es difícil de ubicar o archivar, en su ímpetu por quitarlo fuera de la vista, no lo guarda de manera conveniente, por lo que a veces no recuerda dónde lo ha puesto.

¿Cómo puedo saber si soy como Clara?

Existen varias versiones de Clara, pero si eres un poco como ella, seguramente tu casa u oficina estarán visualmente despejadas y aparentemente ordenadas, pero al abrir cajones o armarios puedes encontrar muchas cosas que hoy están aquí y mañana allá. Tu escritorio está libre de papeles, pero tus cajones son un desastre; ya no te caben más cosas. Cuando abres un armario casi siempre se cae algo al suelo y no recuerdas bien dónde está cada cosa, lo que te hace sentir terriblemente angustiado porque sabes que no refleja realmente tu personalidad. ¡Tú eres práctico y funcional!

Así que, si eres como Clara la Funcional, tienes una gran perspectiva de visión. Te centras en el fin y no te agobias casi nunca por los detalles, pero necesitas asegurarte de implementar sistemas fáciles de seguir, accesibles y debidamente etiquetados.

Si crees que eres como Clara, aquí te dejo nueve consejos para que te organices siguiendo tu propio estilo organizativo:

1. Aunque necesitas que todo aquello con lo que no estás trabajando esté fuera de tu vista para que no te distraiga y pierdas concentración, conviene que elabores un microsistema para el interior de tus armarios y de tus cajones; de lo contrario, no encontrarás lo que buscas, con la consiguiente pérdida de productividad y eficacia.

2. El tipo de almacenaje que deberías elegir para tu casa u oficina es aquel que sea cerrado. Evita cajas transparentes o sistemas de archivo abierto de sobremesa.

3. Instala dentro de tus cajones sistemas que permitan dividirlos. Existen bandejas tipo cubertero, sin tapa, para el interior de los cajones, pero también pueden valer pequeñas cajitas de cartón o cubiertas que podamos reaprovechar de otros proyectos de organización en casa.

4. Cuando guardes cosas dentro de tus armarios o cajones, intenta utilizar los contenedores para mantener juntos todos aquellos objetos que pertenezcan a la misma categoría. Por ejemplo, pilas, bolígrafos, recambios de grapas abrirás el cajón, y rápidamente guardarás o tomarás lo que necesites.

5. Tu mejor aliada será una bonita cesta. Si encuentras algún modelo que te guste y encuentres funcional, no dudes en abusar y utilizar varias para ordenar ¡toda tu casa! Son ideales para ocultar el desorden y al mismo tiempo fáciles y accesibles a la hora de tomarlas y guardar tanto objetos como papeles.

6. Deshazte de las estanterías; a menos que estén perfectamente ordenadas, solo te producirán sensación de desorden. Opta por los armarios con puertas.

7. Etiquétalo todo. De nada te sirve tenerlo todo guardado y ordenado si no sabes qué es lo que hay dentro.

8. Para tus documentos, la mejor opción es un archivador de anillas, con hojas de plástico transparente, ya troqueladas, que te permitan archivar de manera muy rápida cualquier papel sin necesidad de tener que hacer agujeros.

9. Intenta planificar treinta minutos a la semana como mínimo para ordenar y establecer sistemas de organización para una zona concreta de tu casa o de tu oficina. Podrías seguir cualquier sistema de organización, pero necesitas hacer de ello una prioridad.

Juan el Creativo

Juan siempre tiene un nuevo proyecto en mente, y para ello necesita que sus materiales y papeles estén a la vista, hasta que no acaba de trabajar. Eso provoca que su oficina y su hogar se conviertan en un desorden con facilidad.

Las personas que son como Juan son las reinas de las buenas intenciones, pero como un día solo tiene 24 horas deben ser conscientes de que es físicamente imposible completar la inmensa lista que se proponen para un solo día. Su casa y su oficina se ven desordenadas con tantos proyectos a medias por todas partes. Además, Juan tiene la tendencia a guardar absolutamente todo, por si acaso. Su mente es increíblemente creativa y es capaz de visualizar infinidad de situaciones en las cuales puedes utilizar un simple objeto.

¿Cómo puedo saber si soy como Juan?

Existen varias versiones de Juan, pero si eres un poco como él, te suelen gustar más los oficios que implican mucho papeleo o profesiones en las que es necesario material muy diverso en el que puedas expresar todo tu talento.

Muchas personas como Juan son emprendedores que trabajan gran parte del tiempo desde casa y acaban invadiéndola con materiales de todo tipo. En cuanto tienes algo de tiempo libre, lo dedicas a tu *hobby* preferido, que seguro que implica infinidad de herramientas o materiales, como puede ser el *scrapbook* o el bricolaje. Seguro que dispones de todas las herramientas y materiales para cualquier tipo de proyecto, bien porque los has comprado para utilizarlos en un futuro próximo y están nuevos, o bien porque son restos de proyectos anteriores. Aunque intentas mantener tu casa limpia, se ve siempre desordenada porque dejas cosas sin guardar, a la vista, y te dices que aún no has acabado de utilizarlas o que el proyecto se ha quedado a medias.

Nueve consejos para organizarme si soy como Juan el Creativo

Si crees que eres como Juan el Creativo, aquí te dejo nueve consejos para que te organices siguiendo tu propio estilo organizativo:

1. Utiliza cajas o cestos grandes para guardar los proyectos que has empezado y que se quedan a medias. Puedes dejar allí mismo las herramientas relacionadas. Si, por ejemplo, estás haciendo un proyecto de *scrapbook* o montando una maqueta, busca una caja lo suficientemente grande y coloca todos los utensilios juntos hasta el siguiente día en que te puedas poner para continuarlo o acabarlo. De esa manera, no tendrás que volver a reunir todo el material otra vez, pero tampoco se convertirá en desorden en tu casa u oficina.

2. Elabora una lista de tareas por prioridades, englobando las familiares y las de trabajo. Empieza por la más importante y acaba con la que menos, y dedícate a lo que has anotado, siguiendo ese orden jerárquico.

3. Ponte en «modo eliminar». No necesitas todos esos bolígrafos y grapadoras, o todos esos destornilladores prácticamente iguales. Elimina todo lo que tengas duplicado —o *eneplicado*— porque, aunque no te das cuenta, acabas haciéndote coleccionista de restos de otros proyectos que puede que no vayas a utilizar en mucho tiempo.

4. Deja de aferrarte a las cosas de una manera tan emotiva. Si no te hacen falta, puedes venderlas o donarlas, y sustituirlas por otras que te ilusionen incluso más.

5. Intenta no iniciar más de tres proyectos a la vez. Como seguramente tu oficio o tus tareas son de carácter creativo, si te atascas con uno de esos proyectos, elimínalo o aplázalo, y empieza otro que te motive más.

6. Tú eres el estilo organizativo que más se puede beneficiar de hacer listas de cosas pendientes. Empieza por hacer una lista de las cosas que te gustaría hacer hoy y ponte con ellas inmediatamente.

7. Créate una norma y síguela a rajatabla: «Si no te gusta, fuera», por ejemplo.

8. Necesitas referencias para tu día a día; si no, no pararás de hacer cosas a todas horas, pero tendrás la sensación de no avanzar. Intenta programar al máximo tu tiempo. Créate rutinas diarias, semanales o mensuales. Necesitas asegurarte de tener una referencia que seguir fácilmente.

9. Utiliza las paredes de tu casa y oficina para optimizar al máximo el espacio vertical. Eres una persona muy visual y necesitas tener presentes tus proyectos

e ideas para no olvidarlos. Un tablero de corcho con imágenes que te motiven puede ser ideal para ti, o bien un revistero mural para guardar proyectos a medias relacionados con tu oficina en carpetas manila.

Organizar oficinas compartidas

Para diseñar el espacio de una oficina para dos personas dentro de un mismo domicilio, debemos tener en cuenta, en primer lugar, el uso que le va a dar cada una de ellas. Suponiendo que es para ti y tu pareja, y los dos trabajáis desde casa, la cosa se complica un poco, puesto que a menos que contéis con un espacio bastante grande es posible que haya ciertas dificultades a la hora de combinar las partes comunes. El caso que considero más habitual entre los emprendedores es que tú trabajes desde casa mientras que tu pareja, que trabaja principalmente por cuenta ajena, desarrolla algún que otro proyecto desde la oficina de casa.

Teniendo en cuenta que tú vas a estar trabajando en esa oficina la mayor parte del tiempo, es lógico que ubiques tu escritorio en el lugar más idóneo en cuanto a espacio e iluminación. Es probable que cuando tu pareja se siente a trabajar sea totalmente indiferente la luz natural, puesto que en invierno a las cinco de la tarde ya es de noche, por ejemplo. Así pues, el primer paso es elegir el lugar adecuado para tu escritorio. Será donde desarrolles la actividad principal, así que se convertirá en el núcleo de tu oficina. En este caso habrá dos núcleos —yo no dudaría un momento en colocar un escritorio para cada uno, en la medida de lo posible—. Si tú vas a estar todo el día trabajando, lo lógico es que elijas primero dónde quieres ubicarte. Un escritorio se considera espacio «no compartido», pero hay otras zonas o herramientas de trabajo que sí lo son y que permiten ahorrar tiempo o espacio, como por ejemplo una impresora wifi. Otra cosa que puede ser compartida es el sistema de archivo. Puesto que sois pareja, se convierte en una tarea más fácil en cuanto al contenido. Hay archivadores de carpetas colgantes estructurados en cajones que pueden ser utilizados para crear categorías: cajón 1: lo tuyo; cajón 2: lo mío; cajón 3: lo común.

El siguiente paso es pensar cuáles serían las funciones de tus zonas de trabajo, para saber cuáles son individuales y cuáles comunes. Aquí tendrás que valorar exactamente quién usa qué, con qué frecuencia y considerar el estilo organizativo de cada uno para saber si va a ser posible combinarlos. Lo que no recomiendo compartir es el sistema de entrada de papeles. Conviene que cada uno procese su bandeja de entrada por separado, puesto que lo ideal es tener un sistema adecuado a tu estilo organizativo y flujo de papeles, y es más eficiente mantenerlo separado. Otras zonas susceptibles de ser compartidas son las estanterías de almacenaje de libros o el armario de material de oficina.

Plan de acción: Haz un plano del espacio y distribuye en él primero las mesas y luego señala con dos colores diferentes cuáles serían las zonas compartidas y cuáles las individuales.

Combinar estilos organizativos

Antes de combinar dos sistemas individuales en uno único que ambos usaréis, conviene asegurarse de que ese sistema resultante incorpora elementos que coordinen con ambos estilos. Si un sistema empleado por dos personas no está diseñado de acuerdo a un estilo cohesionado no funcionará y, en poco tiempo, será un espacio desordenado e ineficiente. Por ejemplo, si estamos organizando los archivos, hemos de considerar ciertos aspectos de estilo, tales como establecer un código de colores o no; colocar las etiquetas en zigzag o alineadas, tamaño DIN A4 o Legal; mucha descripción en las etiquetas o poca; digital o en papel; armario cerrado de carpetas colgantes o carrito abierto; frecuencia de mantenimiento o eliminación de archivos, etcétera.

Algo que puede ayudar bastante es definir un responsable de ese espacio comparti-do para cada una de las funciones que cumpla ese sistema, o bien un solo respon-sable que gestione mayoritariamente. En el ejemplo de los archivos, en aquellos detalles en los que pueda no haber acuerdo esto se soluciona designando a una de las dos personas que comparten el espacio como principal gestor del sistema. Será entonces su estilo el empleado para personalizar el espacio, puesto que será el en-cargado del mantenimiento, del archivo o de crear las etiquetas.

Plan de acción: Acuerda con tu pareja o compañero de oficina cuáles son las responsabilidades relacionadas con cada sistema compartido y establece acciones derivadas de ello. En caso de desacuerdo insupera-ble, el responsable del mantenimiento diseñará el sistema a su gusto.

La familia también tiene su propio estilo organizativo

En la última parte veremos cómo combinar nuestro negocio con nuestra familia y, en definitiva, cómo combinar todos nuestros roles como persona, pero antes vamos a ver cuáles son los problemas específicos de trabajar en casa relacionados con la familia.

«¡Necesito organizarme ya! Trabajo desde casa con niños. Y al menor coste posible». En este caso en particular en que trabajas desde casa, con niños en edad escolar y ajustándote a un presupuesto aparece un requisito muy importante: convendría dar prioridad a la organización de la oficina o negocio desde casa, puesto que tiene un impacto directo en el rendimiento, al afectar tanto a los ingresos como al nivel de disponibilidad para el resto de tareas y responsabilidades familiares.

Si, además, la tarea de organización se ha de llevar a cabo al menor coste posible, la mejor arma de la que disponemos es la purga, en el más amplio sentido de la palabra. Ya hemos visto que una purga consiste en eliminar aquello que es sobrante, innecesario o dañino, tanto material como inmaterial, es decir, si eliminas —do-nando, vendiendo o reciclando— un porcentaje bastante alto de las pertenencias que tienes, las tareas vinculadas al mantenimiento también se reducirán. Lo mismo para la purga de tareas o responsabilidades que no tiene sentido que sigas haciendo, o que puedes delegar. Conseguirás mucho más tiempo y dinero si, además, esas ac-tividades innecesarias te suponían un gasto. Si tienes hijos, vas a necesitar ese extra de tiempo y dinero para poder invertirlo en ellos, para dedicarles tiempo de calidad o para contratar canguros cuando haga falta. Como trabajas desde casa, es tu res-

ponsabilidad conseguir la tan deseada conciliación laboral. La buena noticia es que purgar y deshacerte de cosas que no necesitas en casa o en tu oficina es gratis. De hecho, puedes hasta ganar dinero vendiendo cosas que ya no precisas.

Una vez que hemos purgado la mayor parte de las distracciones de casa y de la oficina, tendremos muchísimas menos cosas que organizar y, por tanto, menor necesidad de comprar productos de organización —cajas, cestas, archivadores, estanterías—, que a su vez se vuelven en desorden diario si no son los adecuados. Hay infinidad de maneras creativas de organizarse sin tener que comprar nuevos productos, como por ejemplo reutilizar una caja de zapatos, usar bolsas de papel, frascos de cristal de conservas... Y si el problema es identificar de quién es cierto artículo que tenéis todos exactamente igual, tenemos a nuestra disposición, en varios colores, esta solución de una mujer emprendedora: *odds*®. Se trata de unas pincitas en varios colores que se pueden enganchar en cualquier superficie y son reutilizables, lo cual nos permite identificar objetos aparentemente iguales por código de colores.

Finalmente, también hemos de considerar el estilo organizativo de los niños, que, salvo excepciones, suelen ser del tipo Juan el Creativo, e implementar sistemas teniéndolos también en cuenta porque forman parte del hogar.

Parte 5
Familia y hogar

Cómo combinar negocio, familia y hogar

Llegados a este punto, necesitamos tomar perspectiva. Ya sabemos qué tipo de emprendedor somos, estamos motivados y tenemos una oficina organizada en casa, pero necesitamos vernos como un todo, ver cómo encajan todas las piezas del puzle de manera que nos sintamos realizados no solo como trabajadores, sino también como personas, padres, seres humanos en definitiva, así que hacemos un *zoom* y vamos a vernos desde lejos, y ver cómo nos comportamos.

Ha llegado el momento de empezar a definir tus objetivos para el resto de tu vida. Y para eso, hay que empezar por el principio. Uno de los problemas con los que me encuentro a menudo es que hay muchas personas que acumulan gran cantidad de cosas, objetos, cajas o, incluso, papeles por la simple razón de que pueden necesitarlos en un futuro. Y el momento de decidirse sobre si se lo quedan o se deshacen de ello les resulta un calvario. Realmente, el futuro es incierto, pero si sabes el camino que vas a hacer en los próximos años, cuanto más claro lo puedas visualizar, más claro tendrás si has de deshacerte o no de algo. Ese es el paso número uno para conseguir el ya conocido «desapego», ya sea de cosas materiales como de costumbres o acciones. Como mínimo, tendrás la seguridad para tomar una decisión y no te importará equivocarte porque, recuerda, el desorden físico de tu alrededor provoca desorden mental y viceversa.

Por qué es necesario definir objetivos

Pongamos como ejemplo que un domingo sales de casa a dar un paseo y no tienes claro si vas a ir a la playa o a la montaña —tu supuesto objetivo—. No lo has pensado, pero como hay que aprovechar porque hace sol, te lanzas a la calle sin más porque eres una persona «de acción». Lo que puede pasar es que te pongas el bañador, por si acaso; lleves las bambas, por si acaso; la toalla, la sombrilla, las palas y la pelota, por si acaso; la mesa y las sillas de camping también por si acaso, y luego, el azar te lleva a la playa y resulta… que te has olvidado de la crema del sol. Aunque este es un ejemplo un poco simple, en la vida real y aplicado a otros contextos, seguro que te suena el hecho de tener de todo, pero luego no estar del todo preparado para la situación real.

Uno de los pasos esenciales para avanzar hacia algún lugar es fijarse objetivos. Si sales del portal de casa y caminas hacia la derecha es porque te diriges hacia un lugar que está en esa dirección; si no, irías hacia la izquierda o hacia adelante. En situaciones tan obvias es fácil de decidir, pero cuando tenemos que valorarlo teniendo en cuenta, toda nuestra vida, nos vamos por las ramas. Las personas que están realmente organizadas y tienen éxito en la vida se fijan objetivos a corto, largo y medio plazo. No todo es cuestión de suerte o de ir rectificando sobre la marcha, pues eso te hace perder tu valioso tiempo y, en muchas ocasiones, tu dinero.

Es normal no tenerlo claro

Al igual que un escritor, es posible que te sientas bloqueado a la hora de decidir cuál será el siguiente capítulo de tu vida. Le sucede a muchas personas, sobre todo a aquellas que pasan por una situación de cambios profundos en su vida, en la cual pierden un poco la perspectiva y se sienten desorientadas, como si se hubieran bajado de un coche en marcha… ¿Te resulta familiar?

Una de las situaciones más comunes a día de hoy, como comentaba al principio del libro, es que formes parte de ese gran colectivo que ha perdido su empleo y te encuentres con que no sabes qué hacer. Llevabas años trabajando en la misma empresa y la situación era «una balsa de aceite». Quien más quien menos se visualizaba jubilándose allí mismo, pero de repente todo cambia, y ese presente que estabas viviendo tan cómodamente se trunca casi sin avisar. Y ahora te ves en la situación de empezar de nuevo e, incluso, ¡de reinventarte! cuando se supone que tenías que estar con el «piloto automático». O quizás has tenido la gran suerte de encontrar un nuevo empleo, pero no te satisface del todo lo que haces. Sientes que debes ser optimista porque la vida te ha dado una segunda oportunidad, pero no la has aprovechado al máximo y cambiarías algunas cosillas. Sabes lo que no quieres, pero no tienes claro qué es exactamente. ¿Es normal? Pues sí, lo es.

Tu declaración personal: tu misión

Lo primero que debes tener claro es tu misión en la vida. Puedes crear una hoja parecida a la «declaración personal» de la siguiente página. Imprímela y escribe, de tu puño y letra, la promesa que te haces a ti mismo. Será tu guía o misión para todo el año siguiente. Si la colocas cerca y a la vista, te servirá para mantenerte enfocado y motivado. Cada decisión que tomes debe estar en concordancia con esa frase. Recuerda:

◆ Tu declaración personal es una promesa que te haces a ti mismo, para asegurarte de que irás en busca de lo que realmente te apasiona, para vivir con un propósito y construir tu propio camino.

Mi declaración personal

Escríbelo en letras grandes y
mayúsculas aquí abajo:

◆ Se trata del compromiso de lograr todo lo que te propongas superando los obstáculos que se te crucen por el camino. Por tanto, debes ponerla en un lugar en el que la veas, y la recuerdes, todos los días.

Normalmente, cuando se aproxima Año Nuevo a muchas personas les invade una fiebre por mejorar o un ansia de organización, pero a los pocos meses o semanas se desmotivan y acaban sin ningún tipo de planificación u objetivo. Esto es aceptable también; todo depende de las expectativas que hayas creado para tu vida, de tus sueños de futuro. Pero si tienes claro lo que quieres y que lo quieres, ¡necesitas un plan!

Planeemos un viaje con paradas como objetivos

Ahora vamos a comenzar a hacer realidad esa promesa que te has hecho a ti mismo, teniendo como pauta una visión clara y detallada. Como todo es mucho más fácil desglosándolo en pequeñas partes, he dividido en diez grandes grupos el conjunto de facetas o roles en los que normalmente todas las personas queremos mejorar.

Para acercarte un poco más a la situación que has visualizado —situación B— partiendo de tu situación actual —situación A—, te sugeriré algunos objetivos en cada área, para que tú mismo encuentres la motivación y que serán tus pequeñas metas o triunfos que te acerquen al final. Así pues, prepárate, porque a partir de ahora vamos a desarrollar un plan u hoja de ruta a seguir para llegar del punto A al B. El camino será muy parecido a un viaje en metro, por lo que el planteamiento que te debes hacer también es similar:

◆ Es posible que sea un viaje corto, de pocas paradas.

◆ Es posible que estés ya en la misma línea, pero que tengas que recorrerla de punta a punta, con lo cual será un camino largo, pero sin grandes cambios.

◆ O puede que te encuentres en la Línea 1 y necesites ir a la Línea 4, por ejemplo, y eso requiera hacer dos o tres transbordos o cambios de línea —cambios importantes en tu vida, como de carrera, de trabajo o una mudanza.

Al igual que en un viaje en metro, estos transbordos solo se pueden hacer cuando te encuentras en una determinada parada. Entendemos como parada:

◆ Un momento personal concreto, por ejemplo, cumplir la mayoría de edad para sacarte el carnet de conducir.

◆ El cumplimiento de uno de los objetivos previos, por ejemplo, si te has visualizado trabajando en una determinada empresa y en un cargo importante, posiblemente tengas que finalizar una etapa o línea de formación; luego otra etapa o línea de experiencia, y finalmente un último «transbordo» a la línea o empresa hasta la «parada» deseada.

Las diez facetas

El desarrollo de las siguientes diez facetas o áreas que voy a enumerar a continuación te dará la información necesaria para crear tu propia hoja de ruta o mapa para hacer realidad tu visión en modo DIY:

1. Desarrollo personal

2. Salud y ejercicio

3. Imagen personal

4. Trabajo y carrera profesional

5. Control de la tecnología

6. Familiares y amigos

7. Hogar

8. Gestión del tiempo

9. Diversión y felicidad

10. Dinero y finanzas

Intentaré ponerte ejemplos de cada una de las áreas para que puedas detectar si necesitas cumplimentar alguno de los objetivos propuestos. Si no, como mínimo, puede servirte para inspirarte y definir algún otro. Aquí, una vez más, volvemos a tener las mismas normas del juego que cuando diseñaste tu visión:

1. Formula tu objetivo en primera persona, en futuro simple y con los máximos detalles posibles.

2. Si la situación que imaginas se puede medir, aporta ese dato; por ejemplo, «yo adelgazaré 10 kg».

3. Una vez más, sé realista y describe un objetivo que sea realmente alcanzable.

4. Escoge aquellos objetivos que sean realmente importantes y que vayan en concordancia con tu declaración personal. Recuerda que debes revisarla todos los días. Esto también es importante a la hora de saber qué debes hacer y qué no con tu tiempo diario.

5. Y, por último, es muy importante que especifiques en qué momento tienes que conseguir tu objetivo. ¿Es de aquí a un año? ¿A cinco años? ¿A diez? ¿De cuánto tiempo dispones para hacerlo realidad?

Acciones sugeridas:

◆ Busca un archivador y etiquétalo con frases claras como: «Mis objetivos para el año siguiente:____».

◆ Incluye las dos primeras hojas: tu visión y tu misión.

Desarrollo personal

Con las prisas del día a día, es posible que estés dejando de lado el área de desarrollo personal en tu vida. El trabajo, las tareas de la casa o las familiares... Demasiado en qué pensar. Por eso hay tanta gente que nunca cae en la cuenta de que no hay que desatender en ningún caso el desarrollo personal, puesto que es el que nos mantiene «actualizados». Si nos sentimos al día, tendremos la motivación necesaria para afrontar cualquier nuevo reto. Vendría a ser como ir actualizando tu programa informático, el *software* de tu móvil o hacerle la revisión al coche.

Si no refrescamos o nutrimos nuestro propio desarrollo personal, nos quedaremos sin fuerza o seguridad para afrontar nuestros propios proyectos e, incluso, nos podríamos encontrar invadidos de inseguridades y convenciéndonos de que no estaremos a la altura de los demás. Si no planeamos conscientemente la labor de fomentar nuestro propio crecimiento personal, nos sentiremos irremediablemente estancados. Hay muchas personas que experimentan malestar con ellas mismas o que sienten resentimiento hacia otras personas que sí han seguido el camino que ellas siempre habían querido tomar. Este es el momento de dar fin a todas esas sensaciones tan poco saludables y recuperar la ilusión.

Crea el hábito de toma de conciencia o meditación

Se trata de reflexionar sobre tu vida. Hacer un «*zoom* mental» y valorarte desde la distancia, como un mero espectador. La distancia siempre ofrece claridad y un espectador es más objetivo que nosotros. Últimamente, se está poniendo bastante de moda el tema de la espiritualidad y la meditación aplicado a cualquier ámbito, porque es una herramienta realmente poderosa. Planea introducir este hábito en tu día a día. Medita durante un rato, sin pensar en nada en concreto; simplemente obsérvate y valora tu vida «a vista de pájaro». Lo más aconsejable es hacerlo a primera hora de la mañana. También hay quien lo hace escribiendo en un cuaderno las frases que le vienen a la cabeza. El hecho de esforzarte a escribir ordenará tus pensamientos.

Crecimiento personal

Hay muchas maneras de crecer a nivel personal. Cada individuo es diferente y puede recibir toneladas de adrenalina y motivación con cosas dispares. Sin embargo, las siguientes que enumero son las que de manera genérica te aporta un gran crecimiento personal:

Leer libros

Un libro es un tesoro. Incluso aquel que has acabado de leer y no te ha gustado demasiado ha dejado en ti algo para siempre. Crea un listado de todos aquellos libros que te gustaría leer o que te aconsejen y reserva un tiempo en tu horario para dedicarte un rato cada semana o cada día.

Sal de la burbuja

Se está muy cómodo sin salir de esa zona que controlas y en la que no asumes demasiados riesgos. Así, no decepcionas a nadie, ni siquiera a ti mismo. Lo malo es que tampoco puedes experimentar grandes éxitos. Sal de esa zona de confort. Poco a poco. No hace falta que te tires a la piscina de cabeza; simplemente entra en el agua. Primero un pie y luego otro. Elige áreas en las que no te sientas cómodo y planea cómo superarlo; por ejemplo, superar el miedo de hablar en público apuntándote a algún curso. Existen técnicas para dominar cualquier cosa.

Experimenta cosas nuevas

Haz pequeños cambios en tus costumbres, probando cosas distintas. Se trata de ir modificando nuestro sistema, que puede estar un tanto «anquilosado», para que se adapte a cosas nuevas cada vez que sea necesario. Imagina que eres un coche que siempre va en tercera y tienes que cambiar a otras marchas de vez en cuando.

Supera tus miedos

Ponte a prueba y supera miedos que siempre has tenido. ¿Eres de los que no se sacó el carnet de conducir a la segunda o a la tercera y tiró la toalla? ¡Vuelve a apuntarte y consíguelo! No te imaginas la fuerza que acumularás y la seguridad en ti mismo que desarrollarás cuando lo consigas. Superar ciertos retos nos aporta mucha fuerza interior y motivación, pero superar retos que se han convertido en miedos nos hace sentir capaces de afrontar cualquier cosa.

Cambios en nuestros hábitos

Crea un listado de hábitos personales. Puedes hacer dos grupos: uno, de los malos hábitos que reconocemos tener y que queremos abandonar. Pueden ser malos hábitos alimentarios, sedentarismo, tabaquismo... El segundo grupo, fácilmente deducible, es el de los buenos hábitos. Identifica todos aquellos que siempre hubieses querido tener. Escríbelos todos, no hay ninguno imposible porque no son más que acciones que debes repetir de una forma determinada.

> **Plan de acción:** Diseña una hoja para anotar tus objetivos para el próximo año (natural o no) del primer nivel, «Desarrollo personal», y anota unos cuantos que se te ocurran. No olvides registrarlo cuando lo hayas conseguido. Te sugiero este diseño:

Objetivos desarrollo personal	Conseguidos

Salud y ejercicio

Vamos a tomar conciencia también de la necesidad de invertir un poco de tiempo en nuestra salud y cuidado personal. Tendrá repercusiones positivas a medio y a largo plazo en otros aspectos de nuestra vida. Si no le dedicamos el cuidado que se merece, las consecuencias negativas pueden ser desproporcionadas. Si estamos estresados, no rendimos bien en el trabajo. Sin energía, no sacaremos la motivación necesaria en ciertos momentos. Si no nos sentimos en forma y que somos «la mejor versión de nosotros mismos», no tendremos la seguridad para afrontar situaciones con éxito. Y lo más importante: el cuerpo nos ha de durar toda la vida, así que es mejor conservarlo con la máxima calidad posible.

La verdad es que cuesta encontrar personas que tengan perfectamente coordinado este apartado de su vida. Normalmente, es el que ponemos antes «a la cola», dando prioridad al trabajo o a otras cuestiones. Yo misma confieso que esta es una faceta que he tenido bastante olvidada y que me ha generado algún que otro problema.

Y es que es indispensable darle prioridad porque si no te encuentras sano y fuerte, no tendrás la motivación necesaria para llevar a cabo ningún otro proyecto. Y lo peor de todo, es posible que seas el sustento de muchos otros proyectos que quedarán truncados por tu «incidencia». No está en tus manos evitarlo todo, pero sí casi todo, y por eso ya vale la pena.

La gente que está realmente organizada, que hace ejercicio regularmente y come sano ha planificado esa rutina. Primero la ha visualizado, luego la ha planeado y, finalmente, la ha puesto en marcha. Hay muchas formas de cuidar tu salud, aparte de hacer ejercicio y cuidar tu alimentación. Haciendo un poco de *brainstorming*, la mayoría se queja de las mismas cosas: malos hábitos alimentarios, falta de ejercicio, pequeños problemas de salud, alguna molestia o dolor, falta de energía, tensión alta... La lista es interminable, pero el mismo denominador común: todo el mundo asegura que no tiene tiempo para el cuidado personal.

¿Por qué unos pueden hacerlo y otros no?

Porque consideran el cuidado personal como una prioridad y reservan una parte del día a hacer ejercicio o a cocinar algo sano, para lo que tardan solo un poco más que poner a calentar una pizza en el microondas. Así que vamos a organizarnos para hacer que la vida en nuestro propio cuerpo sea lo más cómoda y placentera posible. Con un poco de planificación y autoestima podemos hacer grandes cambios relacionados con la nutrición, el ejercicio, la salud, el conocimiento del cuerpo y el cuidado personal. Vamos a hacer que el próximo año sea el año en el que te encuentres «en forma» y te sientas como la mejor versión de ti mismo.

Cambia tus hábitos alimentarios

Anota todos aquellos que no te gustan y, al lado, proponte el cambio que deseas realizar. Por ejemplo, reducir o eliminar las grasas, los azúcares, las bebidas gaseosas, el alcohol, el picar entre horas o la cantidad que comes.

Descubre tus trucos

Es posible que ya hayas intentado antes cambiar tus hábitos y que no te haya funcionado. Prueba a cambiar el entorno en el que comes; a veces cambiar alguna pequeña cosa funciona como un disparador emocional y creas ese entorno favorable para el cambio. En Estados Unidos están muy de moda los «diarios alimentarios»; cómprate una libreta y anota todo lo que comes. Al final de la semana, puedes darte algún tipo de premio por haber sido constante. Al tenerlo escrito, «verás» tu éxito.

Haz ejercicio regularmente

Sigue un programa de ejercicios desde casa

La mayoría de las personas tiran la toalla con los planes de ejercicio porque no los proyectan de la manera adecuada. Escribe tu plan, los pasos, las series de ejercicios y el tiempo. Si no te ves capaz, busca en Pinterest o tutoriales en YouTube. Hay infinidad de recursos gratuitos que puedes seguir.

El cuerpo es un vehículo en el que hacemos el viaje por nuestra vida. Hay que cuidarlo como a un coche, porque durante la mayor parte del camino hacia el final, si es que llegamos, nuestro cuerpo será viejo y, como los coches antiguos, funcionará mejor si ha estado bien cuidado toda la vida.

¿Ya estamos con que no tienes tiempo? Dicen que con 25 minutos al día es suficiente, así que haz un listado de tus «ladrones de tiempo»: todas aquellas cosas que haces sin haber planificado antes y que te roban tus 24 horas diarias —redes sociales, televisión, conversaciones banales, «momentos *procrastinator*»— y sustituye solo 25 minutos del total que hayas obtenido.

Apúntate a un gimnasio

Si eres de los que no tienen fuerza de voluntad para seguir ejercicios desde casa, puedes apuntarte a un gimnasio y hacer una de las clases conjuntas de aeróbic,

zumba o *spinning* que se hacen a varias horas del día, y en poco más de 45 minutos saldrás lleno de energía. Es increíble la cantidad de energía positiva que se comparte en esas clases, con música y un montón de gente con ganas de hacer deporte.

¿No dispones de presupuesto para un gimnasio? ¿Podrías hacerlo a cierta hora, pero no tienes cerca el gimnasio que conoces? Hace poco han salido ofertas *low cost* y, por una cuota muy reducida, puedes acceder a muchos gimnasios a la hora que te vaya bien. Ya no tienes excusa.

Planea la motivación

Sí, hay que planear cómo irla reactivando, porque es una fuerza que empieza fuerte al principio y continúa solo por inercia, hasta que se para, si no planeas los empujoncitos periódicos. Normalmente, te sientes motivado tan solo al ver los resultados, pero sabiéndolo, ¿por qué no incentivar tu motivación de manera predeterminada? Crea tus propios objetivos parciales y planea gratificarte con premios que te gusten. Por ejemplo, «si hago las tres sesiones a la semana, me premiaré con una manicura».

Cuando fracasamos en algo, muchas veces no es porque «no valemos» para ello. Ni siquiera a veces por falta de motivación, sino porque no hemos organizado un plan en torno a ese objetivo en concreto.

El cuidado personal

Cuida la postura de tu espalda cuando estás sentando y cuando caminas. Sé consciente de la expresión de tu cara. ¿Tiene expresión de tristeza o de agobio? ¡Cámbiala! Es importante que tomes conciencia de ti mismo en el día a día. Si trabajas desde casa y no has de ver a nadie, no es motivo para dejar de lado tu cuidado personal. ¿Que no te ve nadie? Te ves tú mismo y eso es lo más importante, porque tal y como tú te veas, te verán los demás.

Tus fuentes de energía

¿Recuerdas algunos de esos momentos en los que haces algo, vas a algún sitio y te sientes lleno de energía? Es posible que sea cuando te pones unos zapatos, un perfume o un reloj, cuando te pintas la uñas de rojo, cuando hablas con determinada persona... Todo eso son los detonantes artificiales de tu energía. Identifícalos, anótalos y utilízalos cuando necesites darte un impulso de motivación.

Domina el estrés

No podemos evitar todas las situaciones de estrés, pero sí podemos «pillarlo infraganti», ya que al igual que con los detonantes de energía, todos nosotros tenemos ciertos desencadenantes que nos sacan de nuestras casillas y nos ponen de cero a cien en segundos. Haz lo mismo que en el punto anterior: reúne un listado de motivos que te producen estrés y planea cómo evitarlos. ¿De qué manera puedes hacer que no sucedan?

Imagen personal

Seguro que te acuerdas de alguno de esos programas en los que entra alguien con una imagen descuidada y sale con un nuevo *look*, ropa diferente y renovado al cien por cien, con lo que su vida cambia por completo. Algunos de esos programas son un tanto extremos, pero lo que es cierto es que, si cuidas tu imagen y estás a gusto contigo mismo, influirá en tus decisiones del día a día y en el modo en que los demás reaccionan. Y, lo más importante, influirá en la manera en que nosotros mismos interpretamos las reacciones de los demás.

Si la imagen que vemos en el espejo no nos satisface, puede el motivo de una percepción errónea de nuestro entorno. Por tanto, vamos a organizarnos para mostrar la mejor imagen de nosotros mismos. Anota en tu hoja de objetivos para el Año Nuevo, todo lo que se te ocurra relacionado con la mejora de tu imagen personal.

Renueva tu vestuario

Es posible que necesites renovar tu vestuario con ropa que te siente bien y con un estilo un poco más actualizado. ¡Basta ya de guardar ropa con la que no te sientes a gusto, bajo la categoría «para estar por casa»! ¡Deshazte de ella! Si no te sienta bien, a otro le puede quedar perfecta, así que dónala y ve a comprar otra nueva.

Cuidado

Lleva lo que sea necesario a la tintorería, y las botas y los zapatos al zapatero al final de temporada para que les haga una «puesta a punto». Deja en manos de la modista cualquier pieza que necesite ser ajustada o remendada.

Mantenimiento

Al hacer el cambio de temporada, deberías aprovechar para realizar una buena purga a tu armario y detectar posibles necesidades. Podrías comprobar que necesitas más camisetas básicas, más corbatas, más ropa cómoda o más vestuario para ocasiones especiales. Haz un pequeño inventario de lo que tienes y luego piensa en el tipo de estilo que precisas para los diferentes eventos a los que asistes: reuniones de negocios, gimnasio, ocasiones especiales, momentos informales... Tampoco olvides todos aquellos accesorios con los que te sientes a gusto porque reflejan tu estilo y personalidad. Una vez más me remito a *Pinterest*, donde encontrarás muchas fuentes de inspiración.

La organización de tu armario es lo más importante. Con un armario desordenado o sin estructura, no será fácil vestirte por las mañanas ni tampoco elegir la ropa la noche anterior. Actualiza tus perchas y ponlas todas iguales. Puedes colgar tu ropa ordenada por estilos, conjuntos, tipo de pieza o color.

Lo que mejor nos sienta

A veces es difícil saber qué es lo que más nos conviene para cada ocasión o qué es lo que más nos favorece en cuanto a formas, estilos, colores o tipos de escote. Para ello

siempre podemos contar con la opinión de alguien de confianza, o bien contratar a un experto en imagen personal, quien además de decirnos qué nos sienta mejor de manera objetiva, nos asesorará en función de nuestros fines profesionales para no desentonar.

Rutinas para la confianza

Proponte cuidarte más la piel o maquillarte un poco mejor. Organiza una rutina de cuidados personales, con cuidados por la mañana y por la noche. Incluye los productos que utilizarás, como protección solar diaria o maquillaje. Planea también los cuidados para tu cabello. Piensa en un nuevo estilo de peinado y su corte y color, depilación de cejas, cuidado de tu dentadura, higiene bucal, manicura, pedicura... Planea tus objetivos en cuanto a mejora de alguno de estos aspectos y anota cuáles serán las nuevas rutinas para el Año Nuevo, con el fin de conseguirlo.

Tu bolso

¿Eres de las que lleva un bolso enorme, lleno de cosas tan variopintas como recibos del año pasado o una colección de llaves o juguetes de tus hijos? ¡Cámbialo ya! Cada vez que buscas algo se convierte en un agobio. Busca un sistema donde puedas organizar todas tus cosas en un mismo espacio. Un bolso ordenado, en el que es fácil guardar y encontrar lo que necesitas, crea una agradable sensación de orden, para ti y para los demás que te observan. Anota todos tus objetivos relacionados con esta área; unos supondrán crear nuevos hábitos para el año nuevo, como: «Renovaré el corte en la peluquería cada mes», y otros serán una simple acción: «Compraré un bolso nuevo».

Carrera profesional

Son muchas las personas que desean mejorar o tener más éxito en su vida profesional. De hecho, todo el mundo lo necesita porque se trata de la actividad a la que dedicamos la mayor parte del día, y debemos obtener satisfacción con lo que hacemos. Lo negativo es que muchas de esas personas, en lugar de adoptar una actitud proactiva o buscar maneras para demostrar sus talentos, impresionar a su jefe y conseguir un posible ascenso o, directamente, buscando otro empleo que cumpla sus expectativas, tan solo esperan a que esa oportunidad de oro llegue por sí sola, o como decía una compañera de trabajo que tuve, esperan a que «Avon pique a su puerta», lo cual rara vez sucede. Una vez más, podemos concluir que la mejor manera de conseguir tus objetivos, esta vez relacionados con tu carrera profesional, es creando un plan que te lleve hacia ese objetivo concreto.

No corras, llegarás antes

Pues sí, irónicamente, una parada y un gasto de tiempo invertido en una buena organización de tus metas —previo inventario de tu actual situación— puede acelerar el proceso de desarrollo de tu carrera. ¿Recuerdas que al definir tu ruta hice el símil con el viaje en metro? Pues reitero: el camino a seguir será mucho más fácil y rápido si tienes tu ruta pensada antes de iniciar un proyecto o viaje que si vas haciendo transbordos o cambios sin la perspectiva adecuada. Si inviertes previamente algo de tiempo pensando en cuáles son tus expectativas profesionales, las decisiones que tengas que ir tomando sobre la marcha serán mucho más inteligentes, puesto que las tendrás más o menos previstas y te dirigirán por el camino más corto hacia tu objetivo.

Balance de tu situación laboral en la actualidad

Si lo que deseas es mejorar tu trabajo actual, ya sea obteniendo un ascenso cambiando de puesto, o bien cambiar de empresa, de rumbo profesional o convertirte en tu propio jefe, primero debes adoptar una actitud proactiva y hacer un balance realista de tu situación actual. Respóndete a las siguientes preguntas:

- ◆ ¿Disfrutas de tu trabajo?

- ◆ ¿Te permite expresar tus talentos?

- ◆ ¿Estás a gusto con el ambiente de trabajo?

- ◆ ¿Crees que tu trabajo supone un desafío?

- ◆ ¿Dispones de los recursos que necesitas para realizar tus tareas con éxito?

- ◆ ¿Crees que estás haciendo progresos en relación a tu plan de carrera, en caso de tenerlo?

Rendimiento

¿Cómo crees que lo estás haciendo en los siguientes aspectos relacionados con tu rendimiento y cómo crees que podrías mejorar? Los indicadores pueden incluir:

- ◆ Nivel de productividad

◆ Nivel de iniciativa

◆ Actitud frente al trabajo en equipo

◆ La calidad del trabajo que realizas

◆ La comunicación escrita y verbal con compañeros y superiores

Con esta pauta, puedes definir qué es lo que quieres y cómo lo vas a conseguir.

Relaciones

La gente puede ser el mayor problema o la alegría más grande en un trabajo. ¿Qué puedes hacer para mejorar tus relaciones con...?:

◆ Tus superiores

◆ Tus compañeros

◆ Tus subordinados

◆ Tus clientes

◆ Tus proveedores

Obtener un ascenso

Si quieres un ascenso, lo primero que debes conocer son los requisitos para conseguir esa promoción y asegurarte de que cumples todos ellos. Es la única manera de asegurarte el éxito.

Encontrar un nuevo trabajo

El currículum vitae

El currículum debe cubrir ciertos elementos que son imprescindibles, y luego destacar aquellos otros que son relevantes para el puesto que andas buscando. En internet hay infinidad de plantillas para que puedas crear un currículum impactante y adecuado para tu sector.

Prepárate para la entrevista

◆ Prepárate las preguntas comunes a toda entrevista.

◆ Da buena impresión de entrada, con un apretón de manos agradable.

◆ Intentar transmitir confianza.

◆ Comunica a tu entrevistador por qué eres el más adecuado para el puesto.

◆ Negocia tu salario en ese mismo momento.

Cambio de carrera o creación de una empresa

¿Quieres encontrar tu pasión? Si quieres descubrir tu auténtica vocación, plantéate las siguientes cuestiones:

◆ Con qué disfrutas o qué encuentras más interesante.

◆ En qué sueles sobresalir.

◆ Qué ves como una oportunidad en estos momentos.

¿Crees que puede haber algún denominador común en todas tus respuestas? Si es así, has descubierto tu pasión.

Si quieres hacer un cambio radical de carrera, puedes empezar por considerar lo siguiente:

◆ Leer libros y hacer cursos relacionados.

◆ Hablar con profesionales de ese campo.

◆ Compartir ideas y opiniones con familia y amigos.

◆ Consultar a una empresa del sector

Ahora, empieza a escribir cuáles van a ser tus objetivos relacionados con tu carrera profesional para el próximo año. No hace falta que el resultado sea perfecto, solo necesitas empezar. ¿Cuál será tu primera acción?

Control de la tecnología

Aunque para muchas personas la tecnología es «el gran reto», hay que reconocer que puede facilitarnos mucho la tarea de conseguir una vida organizada, ya que nos brinda infinidad de formas y sistemas, inteligentes e intuitivos, que nos ahorran muchísimo tiempo.

El hecho de incluir la tecnología en nuestros sistemas organizativos puede aportarnos otros grandes beneficios, por ejemplo, que toda nuestra información se conserve y proteja de forma más segura, y también puede mejorar las comunicaciones con los demás, facilitar nuestro trabajo y la gestión de nuestro tiempo de ocio. Gracias a la tecnología también existe hoy en día el teletrabajo y podemos hacernos un hueco en el mercado laboral los que trabajamos por cuenta propia. Así pues, ha llegado el momento de encargarnos de anotar nuestros objetivos de organización relacionados con la tecnología. Esto incluye tu ordenador, los *e-mails* que recibes, el uso que haces de internet y de las redes sociales —cómo usas Facebook, blogs, plataformas para compartir fotos—, y también el uso de otros dispositivos —tableta o *smartphone*.

Ordenadores, software y copias de seguridad

Archivos

Seguramente tu ordenador está lleno de archivos que pueden ser documentos, música, vídeos y fotos. ¿De qué manera los tienes organizados? ¿Sabrías encontrar cualquiera de ellos en menos de un minuto? Quizás ha llegado el momento de crear una estructura para todos esos archivos.

Copias de seguridad

Si aún no has hecho copias de seguridad, deberías hacerlas cuanto antes. Es el momento de que te apuntes el objetivo de tener una copia de seguridad de tus archivos más importantes. Piensa en qué sistema de copia te conviene más, en función de la naturaleza del archivo y de su importancia.

Quizás una copia en un *pendrive* sea suficiente para una serie de archivos; sin embargo, si se trata de las fotos o los vídeos más importantes de tu vida, quizás te interese tenerlos en un disco duro extraíble y otra copia en la nube. Puedes hacer un pantallazo de tus archivos e ir poniendo un *check* a medida que realices la copia.

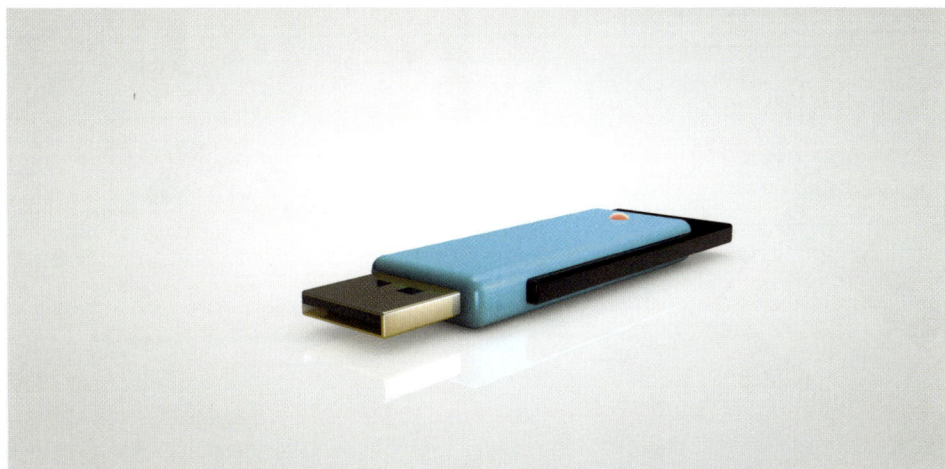

Software

Por el bien del funcionamiento de tu ordenador, aparte de eliminar «ruido digital» conviene que programes, en primer lugar, una revisión y limpieza para eliminar todos aquellos programas que no utilices, así como su actualización, si procede. Hazle caso ya a esa pantalla que te pide que te registres y que te produce estrés cada vez que aparece, y organiza los CD de instalación en un lugar conveniente, junto con manuales y licencias.

En segundo lugar, y para evitar o reducir el caos para el año siguiente, crea un sistema o protocolo a la hora de instalarte un nuevo programa. Sopesa bien la relación entre el coste y el beneficio que comporta, y lo más importante, valora el tiempo de que dispones para invertir con respecto a la curva de aprendizaje de dicho programa. Puede que sea «lo más», pero si no dispones del tiempo para aprender a utilizarlo, ¿es realmente viable?

Otros dispositivos

Smartphone

Un ejemplo de tareas vinculadas al objetivo de organizar tu *smartphone* puede ser:

◆ Eliminar contactos con los que ya no te relacionas.

◆ Eliminar todos los mensajes de texto enviados y vaciar los chats.

◆ Pasar fotos al PC o a un medio externo y borrar las que no interesen.

◆ Eliminar las *apps* que no usas o no te funcionan. No te fuerces a usar una aplicación si a ti no te sirve. Solo porque la utilice mucha gente no quiere decir que a ti también te tenga que funcionar. No te sientas mal por no adaptarte; la cuestión es ser productivo, no ser moderno.

◆ Si te descargas correo electrónico también en el móvil, ya puedes ponerte las pilas porque uno de los peores enemigos de la organización ¡lo tienes por duplicado!

Si tienes una PDA, o asistente digital personal, también conocido como «organizador de bolsillo» organízala también para que sea mucho más eficiente.

IPod

Refréscalo también. Organiza tu música, *podcasts* y audiolibros, y créate listas de reproducción.

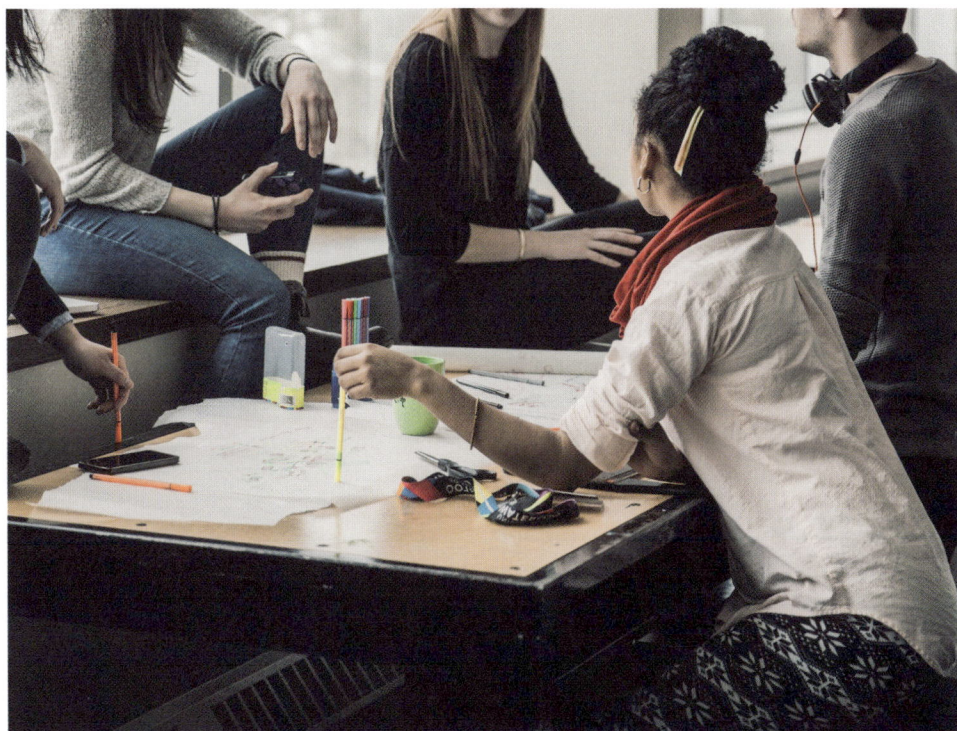

Redes sociales

Si estás interesado en tener presencia en redes sociales, aparte de Facebook te aconsejo las siguientes redes, que son las más comunes: Twitter, Pinterest, Instagram y LinkedIn.

Familiares y amigos

En determinadas épocas del año nos damos cuenta de lo importantes que son las relaciones con los demás. Podemos llegar a sentirnos plenamente nutridos y protegidos tanto por los que más nos importan como por amigos o compañeros del trabajo, con los que pasamos gran parte del tiempo juntos. Pero, como todo en la vida, la relación que mantenemos con los demás también tiene una parte negativa, y es que si se estropea puede llegar a trastornar otras facetas de nuestra vida, dejándonos sin energía, alegría o paz mental.

La familia también puede simbolizar para uno la intimidad, el compañerismo, la felicidad y el apoyo incondicional. Disfrutamos al poder compartir buenos momentos con nuestros seres queridos, crear vínculos más fuertes con nuestras parejas, criar a nuestros hijos e, incluso, poder estar cerca de nuestros hermanos y compartir recuerdos de vez en cuando. Sin embargo, la familia también se puede convertir en la peor pesadilla de nuestras vidas: tensiones, rivalidades, conflictos antiguos no resueltos, el envejecimiento de los padres o comportamientos inmaduros de padres o hermanos pueden hacer que temamos a ese «tiempo en familia».

Afortunadamente, también podemos organizarnos para mejorar nuestras relaciones personales con amigos, conocidos o familia. Las siguientes sugerencias organizadoras no están diseñadas para ofrecer terapia de grupo o familiar, pero podrán ayudarte a mejorar tu relación con los demás.

Amistades. Cuidar las relaciones especiales

Haz un recuento de todas aquellas amistades que consideres especiales y piensa de qué manera vas a conseguir mejorarlas durante el próximo año. Quizás un café una vez cada quince días o una comida cada trimestre. Anótalo en tu agenda.

Enfréntate a las relaciones que te dejan sin energía

¿Qué hacer con todas esas personas que te dejan exhausto cada vez que hablas con ellas? En lugar de sufrirlo en silencio, considera lo siguiente:

◆ ¿Qué es exactamente lo que te agobia de esa persona?

◆ ¿El motivo puede alargarse en el tiempo o dejará de molestarte en un determinado momento?

◆ ¿Podrías interactuar de manera diferente? ¿Qué otra cosa le podrías decir?

◆ ¿De qué forma puedes pasar menos tiempo con esa persona?

Conoce a gente nueva

Anótate como objetivo vencer la timidez, siendo más extrovertido, iniciando conversaciones, haciendo propuestas para eventos. Proponte ser más abierto con las nuevas personas que conoces y con las que tienes cosas en común.

Rechaza las falsas creencias sobre las relaciones

Hemos de reconocer que a veces nos podemos dejar llevar por los convencionalismos y falsas creencias. La sociedad es así, pero conviene hacer de vez en cuando un acto de autocrítica y alejarse de todas aquellas creencias que pueden interferir de manera negativa en las relaciones, por ejemplo, que necesitas a alguien a tu lado para ser feliz. Piensa algunas otras que te sean más útiles.

Comunícate mejor

¿Crees que ayudaría a mejorar tus relaciones con los demás si fueras más abierto, confiado o agradecido? ¿Crees que necesitas mejorar el control de la ira, aprender a escuchar o ser menos critico? Anótalo también como objetivo para el próximo año.

Mejora la gestión de conflictos

A veces son inevitables. Conviene centrarse en expresar nuestra posición de manera clara, intentando ser coherente y racional, entender lo que la otra persona nos quiere transmitir y aclarar la situación expresando exactamente lo que queremos. Y, sobre todo, reconocer nuestros errores y pedir disculpas, si procede.

Apoya más a tu pareja

Piensa de qué manera puedes apoyar a tu pareja, tanto en los retos del trabajo como en los retos familiares que afrontáis juntos. Esto incluye prestar tu ayuda en sus objetivos de desarrollo profesional, conseguir el equilibrio trabajo-familia, sus relaciones en el trabajo, el desarrollo de habilidades, la relación de tu pareja con los niños, realizar actividades en familia, sus problemas de salud o médicos, su crecimiento personal...

Planifica la educación de tus hijos

Es fácil verse afectado y estresarse con los desafíos diarios que conlleva tener hijos —ya sean preocupaciones de la escuela o problemas personales—. Para poder darle la vuelta y convertirlo en un motivo de orgullo e incluso disfrutar de todo ello, conviene darle un enfoque más proactivo mediante la planificación y la organización de manera consciente.

Planifica tu apoyo y metas de educación para cada uno de tus hijos. Infórmate de cuáles son los retos que ha de asumir en su curso o nivel, y considera de qué manera le vas a ayudar. Esto puede abarcar varias áreas como, por ejemplo, mejorar las notas, mejorar la relación con los profesores y con los compañeros, apuntarlo a actividades deportivas y extraescolares, y todas aquellas atenciones especiales que consideres útiles.

Piensa también en cómo quieres ayudar a tu hijo fuera de la escuela. Dichas áreas podrían incluir relaciones en el hogar, actividades en familia, en su aspecto físico o problemas médicos, en el desarrollo de aficiones e intereses, el desarrollo de talentos y habilidades que has detectado, así como otros cuidados especiales que consideres que le pueden ser útiles.

Conversaciones difíciles

Anota todos aquellos temas difíciles que necesites abordar con algún miembro de la familia y decide cómo los vas a aclarar de manera exitosa. No los dejes pasar; normalmente no se solucionan solos. Al contrario, son heridas mal cerradas que siempre estarán ahí y pueden infectarse.

Hogar

Si eres de las personas que siempre ponen excusas para no invitar a gente a tu casa, pospones fiestas hasta ordenar montones de cosas o corres a esconder ropa o papeles dentro de armarios mientras tus invitados sorpresa suben en el ascensor, te gustará saber que no tienes por qué vivir así ni un minuto más. Es posible que tu hogar nunca pueda tener el aspecto de una casa «de revista», pero lo que sí puedes llegar a conseguir es sentirte a gusto y feliz cuando alguien te viene a visitar. Sigue los consejos que vienen a continuación.

Desglosa el proyecto en partes más pequeñas

Como con cualquier otro gran proyecto, debemos ser realistas y no esperar conseguir nuestros objetivos de la noche a la mañana, y mucho menos, cuando se trata de organizar espacios que han ido desordenándose durante años. Si no tenemos claro este punto, enseguida nos sentiremos agobiados por la cantidad de trabajo que podemos intuir a *a priori* y, probablemente, acabemos en el sofá con el mando en la mano. La mejor manera de afrontarlo es poco a poco, desglosándolo en partes más pequeñas, que pueden ser, por ejemplo, de habitación en habitación.

Ten clara tu visión y los valores para cada habitación

Lo más importante que debes tener en cuenta es cómo quieres que sea ese espacio; de lo contrario, con la cantidad de imágenes de sistemas de organización y diversas decoraciones que están a nuestra disposición actualmente en internet, es muy posible que te dejes llevar, pero que no sea la solución que te convenga para tus propósitos en ese espacio.

Es imprescindible que definas cuál es tu visión para cada una de las habitaciones de tu hogar e, independientemente de tu estilo decorativo, diseñes los sistemas de acuerdo a las funciones y los propósitos de esa estancia en concreto. Serás mucho más feliz en un lugar creado por ti que en un espacio «clonado» de otro, cuyos sistemas han sido diseñados a medida para otra persona.

A continuación, te voy a mostrar unas fotos de mis espacios favoritos. Puedes ver más en mis tableros de Pinterest y seguirme si aún no lo haces. Pero, primero, ten claros tus objetivos; si no serán para ti como «cantos de sirenas». Empieza por pasearte por cada habitación, y anota todo lo que se te ocurra que puedes eliminar, modificar o añadir. Una vez que lo tengas claro, utiliza fotografías y demás para bus-

car inspiración únicamente de aquello que coincida con tus gustos y prioridades, es decir, imágenes que te transmitan exactamente aquellas sensaciones que estás buscando.

Comedor y sala de estar

Por ejemplo: «Organizarme para crear un ambiente agradable y relajado», «Quitar la maceta. La planta está muerta», «Llevar los juguetes a otra habitación», «Los papeles encima del mueble irán a la oficina», «Soluciones de almacenaje sencillas y prácticas».

Cocina

Mármoles despejados, revisar iluminación, conseguir que sea agradable cocinar, volver a usar la mesa de la cocina para desayunar y no como oficina.

Habitación de niños

Proponte organizar este próximo año los juguetes, la ropa de la siguiente temporada, los libros y ayudar a que tus hijos aprendan a organizarse. El objetivo principal con los niños: funcionalidad, con sistemas exageradamente fáciles y accesibles.

Tu habitación

Este nuevo año es el ideal para pensar sistemas para organizar todos tus complementos en tu habitación, para que sea mucho más fácil encontrarlos cada maña-

na. Tu dormitorio debería ser más parecido a un santuario que al almacén de una tienda de ropa y accesorios. También puedes pensar en sistemas para disfrutar aún más de ese espacio, que sean igualmente sencillos y visuales, para asegurarte de utilizarlos.

Cuarto de baño

Piensa en cómo organizar mejor tus toallas y accesorios, el interior de los armarios, renovar todos tus jabones y champús, y las rutinas de limpieza.

Terraza

Muchas veces es la gran olvidada y acaba convirtiéndose en un «trastero al aire libre». Sácale provecho y úsala desde ya mismo para tomarte el café por la mañana y disfrutar de ella por las noches. Elige las plantas adecuadas en tamaño y una mesita y unas sillas que coordinen para que te ayuden a crear una terraza de la que te sientas orgulloso.

Deshazte de lo que ya no necesitas

Todo aquello que no encaje con tu visión, debe «abandonar la casa». Deshazte de todo sin pensarlo dos veces. Puedes donarlo, venderlo o reciclarlo, pero no lo atesores durante más tiempo. Se convierte en desorden físico que provoca desorden mental, porque son cosas que no cumplen ninguna función ni en tu espacio físico ni en tu cabeza, y simplemente sobran.

Crea sistemas de control del hogar y archivo de papeles

Sistemas de control de tareas del hogar.

Si sientes que no controlas por completo las tareas relacionadas con tu hogar y tu familia, una buena idea es poner un poco de orden con listados. Crea una lista para tareas cotidianas como poner la lavadora o hacer la compra, pero también para otras más excepcionales, como fechas de cumpleaños, pagos al contado o eventos en los que participe toda la familia.

Sistema de archivo de documentos del hogar

Crea un sistema que implique minimizar la cantidad de papeles que acumulas en casa. Mi intención es crear otro sistema descargable de organización de archivos para el hogar en modo DIY; ve pasándote por el blog si no te ves capaz de implementarlo con ayuda.

Cambia el chip y camina hacia la simplicidad

Probablemente ya te has dado cuenta de que quieres liberarte del desorden, pero luchas contra tus propias excusas. Intenta averiguar cuál es el origen de esas resistencias y supéralo. Recuérdate a ti mismo, como motivación, los beneficios de deshacerte de todo aquello que no necesitas.

Diseña un plan y llévalo a cabo paso a paso

Esta es la clave para poder convertir un sueño en realidad: planificar cada detalle y programar exactamente cuándo lo harás. Puedes inspirarte en el siguiente documento para ir anotando todas las ideas de organización relacionadas con los espacios de tu casa.

Gestión del tiempo

Aunque ya hemos tratado este tema, caben unas últimas consideraciones.

Cuestiona cómo inviertes tu tiempo

Este puede ser un ejercicio esclarecedor para ti. Durante una semana o dos, anota todo lo que haces y durante cuánto tiempo, siendo muy honesto contigo mismo. Puedes aprovechar para categorizar todas esas actividades en esta primera fase.

Establece tus prioridades

A continuación, haz una lista de prioridades ordenadas por importancia. Este paso es esencial a la hora de «usar» tu tiempo, ya que será el criterio que aplicarás para elegir qué tareas hacer y en qué orden. Normalmente, las prioridades están guiadas por tus objetivos, así que si estás haciendo todas las actividades sugeridas, tendrás definidos ya unos cuantos. Recuerda que los hemos desglosado en diez etapas o roles de tu vida.

HOGAR. UN LUGAR PARA CADA COSA

◆ Área problemática

¿Cuáles son los artículos o sistemas sin un sitio específico?

◆ Área problemática

¿Cuáles son los artículos o sistemas sin un sitio específico?

◆ Área problemática

¿Cuáles son los artículos o sistemas sin un sitio específico?

◆ Área problemática

¿Cuáles son los artículos o sistemas sin un sitio específico?

Sincérate: ¿tu horario está creado en función de tus prioridades?

Este paso es un choque para muchas personas, pues se trata de comparar el resultado de lo que realmente haces cada día con lo que deberías estar haciendo. Una vez que hayas detectado las áreas en las que tienes que emplearte más, puedes empezar a diseñar tu nuevo horario.

Racionaliza tu horario. Añade realismo

Es imposible que puedas hacer absolutamente todo lo que hacías antes, más las nuevas tareas derivadas de tus nuevos objetivos o prioridades. Está claro que hay alguna cosa que «sobra». En este punto, conviene que des algunos pasos atrás, abras el plano de la perspectiva y consideres aplicar alguna que otra estrategia con las tareas a realizar.

Podrías:

◆ Simplificar alguna de las tareas.

◆ Eliminarla.

◆ Delegarla a otra persona.

◆ Subcontratar un servicio o externalizarlo.

◆ Agrupar varias tareas a la vez que no requieran el mismo nivel de atención, por ejemplo, planchar y escuchar un audiolibro.

Identifica con qué pierdes el tiempo

No se trata solo de todas aquellas actividades que hayas identificado como lo que haces realmente cada día, como «ver la tele durante dos horas» o «ver lo nuevo en Facebook durante quince minutos». Se trata de otro tipo de actividades que hacen que inviertas gran cantidad de tiempo en acciones que no te conducen en línea recta hacia tus objetivos.

Grandes tareas

Hay muchas tareas que nos hacen sentir que estamos haciendo mucho trabajo, pero en realidad, lo único que hacemos es perder un tiempo precioso. ¿Pasas horas archivando papeles con un sistema complejo? ¿Tienes reuniones interminables? ¿Pasas demasiadas horas de planificación de proyectos? ¿Revisas muchas veces la bandeja de entrada?

Comportamientos de autosabotaje

Si no los identificamos y nos ponemos en guardia, podemos dejarnos llevar por hábitos como el exceso de compromiso con causas ajenas, la indecisión, la dilación o la multitarea, entre otros. Conviene hacer un ejercicio de autocrítica e identificar si podemos tener algún tipo de comportamiento de esta clase y, a continuación, diseñar un plan para reducirlo o eliminarlo. Vuelvo a remitirte a la parte en la que hemos hablado de la procrastinación, los tipos que existen y cómo pillarnos in fraganti para no volver a caer en la tentación.

Diversión y felicidad

Que necesitamos hacer descansos de vez en cuando es algo de sentido común, pero a pesar de todo, no siempre lo llevamos a cabo. Aunque a algunos les pueda parecer exagerado, convendría incluso planificar con tiempo esos *breaks* o escapadas para que realmente nos aporten esa sensación de haber «desconectado». Esos momentos de desconexión deberían de ser, de forma ideal, diarios.

Además, convendría hacer alguna actividad cada trimestre, del tipo que sea, pero que nos ayude a desconectar totalmente, sobre todo si trabajas desde casa, pues cuando resulta más complicado desconectar.

¿Por qué deberíamos planificar nuestra diversión?

Porque hasta que no decidas empezar una actividad o *hobby* y lo enfoques como un proyecto más, no encontrarás el espacio ni el tiempo para desarrollarlo con regularidad. Puede ser un partido los sábados por la noche, quedar con amigas, unas vacaciones o, incluso, un proyecto en solitario en tu propio hogar. Invierte algo de tiempo organizando qué harás y cuándo, y entonces, y solo entonces, pasará a formar parte de tu vida como una rutina más.

¿No sabes qué puedes hacer para divertirte y desconectar? Solo tienes que meditar un poco sobre qué es lo que te gusta, qué es lo que siempre te hubiese gustado probar o qué te emociona cuando otra persona lo hace. Anótalo, organízate y empieza a practicarlo en tu tiempo libre.

¿Qué actividades o hobbies *te gustaría probar?*

Seguro que has hablado alguna vez con alguien que está apuntado a un gimnasio donde hace alguna actividad que le apasiona. ¿Por qué no probarlo si encaja en tu calendario? ¿O cualquiera de los *hobbies* de moda?

Quizás siempre habías querido hacer un curso de defensa personal o de Photoshop, o desde pequeño has querido tocar el saxofón. Una vez más, te remito a las redes sociales. Entra en Pinterest y encontrarás infinidad de DIY y variedad de actividades y personas inspiradoras. Escoge cualquier cosa que te parezca divertida y que te aporte valor.

Desarrolla tus talentos ocultos

La creatividad puede ser una manera de recargarte y, sobre todo, de escapar a las tensiones diarias. Incluso te puede servir para descubrir talentos ocultos o que han estado en un largo período de letargo. Piensa si siempre se te ha dado bien la escritura, componer canciones, tocar algún instrumento, pintar o bailar, por ejemplo. La mayoría de las personas creativas consiguen liberarse de sus preocupaciones con más facilidad desarrollando algún talento.

Planea proyectos que te enriquezcan personalmente

También es una buena idea planear actividades más a largo plazo, más complejas pero que cuando finalices te aporten una gran sensación de realización personal. Por ejemplo, crear un árbol de familia, organizar tus fotos impresas o digitales, editar tus vídeos caseros ¡o incluso escribir un libro con tu historia personal!

Crea listas

Es importante que anotes, siempre en el mismo sitio, las ideas que te vengan sobre todo aquello que te haría ilusión hacer. Quizá sea un lugar que visitar que veas en un programa de la televisión, ya sea para una escapada o unas vacaciones, un libro que te recomiendan, una película, etcétera.

Dinero y finanzas

La mayoría de las personas saben perfectamente qué es lo que tienen que hacer para poner en orden sus finanzas, aunque sea de una forma intuitiva, sin necesidad de hacer muchos números. Dependiendo de la situación particular de cada uno, la solución podría ser una de las siguientes:

◆ Reducir deudas.

◆ Ahorrar más.

◆ Invertir mejor las ganancias.

◆ Revisar la estrategia de la inversión actual.

◆ Llevar un control de pequeños gastos que se convierten en grandes cantidades a final de mes.

◆ Crear presupuestos de ciertos gastos y mantenerlos en el tiempo.

◆ Encontrar un asesor financiero.

Como en otros contextos, el problema para muchos no es saber qué hacer, sino saber cómo organizar de manera consciente las acciones para poder obtener cambios sustanciales. Es decir, las buenas ideas, los consejos o las intuiciones no se hacen

realidad si no se llegan a poner en práctica por falta de planificación y de creación de buenos hábitos. No pretendo dar consejos sobre finanzas, ni mucho menos, sino ayudarte a organizar en cinco pasos las acciones que tú decidas que son las adecuadas para ti, para que consigas hacer realidad tus objetivos financieros.

Paso 1: Identifica el problema

Las deudas pendientes

Para muchas personas, reducir las deudas es la primera fase de un buen plan financiero. Pon tus deudas en «pausa» y considera cancelar las tarjetas de crédito para no generar otras nuevas. Haz un listado del total de cada una de ellas y ve liquidando los conceptos de menor a mayor importe, de tal manera que reduzcas el número de deudas o de conceptos.

Si haces un poco de búsqueda *online,* encontrarás infinidad de páginas con consejos probados y técnicas, como por ejemplo la página de Dave Ramsey, en la que explica con detalle la técnica de la «bola de nieve» para reducir el gasto y muchos consejos más.

Pagar las facturas a tiempo

Quizá necesitas crear un sistema para reducir los gastos de devolución que te genera el hecho de no pagar a tiempo tus facturas, o no controlar el saldo cuando se aproximan los vencimientos. Crea un listado de importes por vencimiento, revisa los saldos bancarios diariamente, establece un saldo mínimo de riesgo y piensa en la conveniencia o no de domiciliar pagos o de pedir líneas de crédito. Los eventuales gastos por despistes varios forman parte del coste de inversión.

La reducción de los gastos

Haz una lista de todos los gastos y valora todo aquello que puedas eliminar o reducir. Si tienes varias cuentas, considera unificarlas para reducir costes de mantenimiento y cancela tarjetas que no uses u otras cuentas de inversión que no sean rentables.

Paso 2. Crea un sistema de gestión financiera diaria

Hablando claramente, es difícil tener controladas tus finanzas si la gestión de todo el papeleo de tu casa es un desastre. Básicamente, se reduce a facturas, tiques de compra y recibos de entidades bancarias, por lo que no pueden estar en la encimera de la cocina o sobre la mesa del comedor.

Créate un sistema de gestión financiera, siguiendo tu estilo de organización, ya sea en papel o digital, en el que tengas una entrada de documentos, un sitio donde guardarlos categorizados en espera de que los puedas gestionar, y un lugar donde archivarlos por si los necesitas más adelante.

Paso 3. Elabora presupuestos

Fíjate presupuestos mensuales sencillos que, mentalmente, funcionarán como «tope máximo». Incluye categorías como: casa, coche, niños, seguros, transporte, alimentación, personal, salud y ocio. Si hablamos de tu negocio desde casa, las categorías son otras, pero igualmente es aconsejable gestionarlo de este modo, para no llevarte sorpresas.

Haz dos columnas, a modo escandallo: una en la que estimes ese coste máximo aproximado para el mes, y otra a la derecha en la que especifiques el coste «real». Cada mes podrás ir afinando las diferencias y será «la prueba del algodón» para ver dónde descuadra tu presupuesto.

Paso 4. Ten una actitud proactiva

Protege familia, pertenencias y negocio

¿Quizá deberías examinar tu seguro de casa o de vida? ¿Es el adecuado para tus circunstancias actuales? ¿Y el del coche? ¿Y el seguro médico? ¿Los necesitas realmente? ¿Tienes protegidas tus pertenencias contra posibles pérdidas o daños? Tu casa, tu coche, tu negocio. Obviamente, el criterio está en el nivel de riesgo al que estés sometido, o al que te guste estarlo. Simplemente cabe recordar que, a mayor riesgo, mayor inversión en previsión de incidencias por simple cuestión de probabilidad.

Aunque hay ciertos contextos en los que se debe evitar pensar, teniendo en cuenta que aprendemos de nuestro entorno y no solo de experiencias propias, es aconsejable estar preparados para cualquier eventualidad. Considera hacer testamentos, testamentos vitales, poderes y otros asuntos que puedas discutir con tu abogado.

Paso 5. Déjate aconsejar

Visita a un asesor financiero o consulta con un contable, un agente fiscal, un director de banco o un corredor de bolsa. Hoy en día existen profesionales altamente cualificados y especializados en cada materia para aconsejarnos y orientarnos.

Así que, ¿querías saber cómo mantener el escritorio ordenado?

Como ya hemos comentado en varias ocasiones a lo largo del libro, es mucho más fácil mantener organizado un escritorio cuando todos los artículos que contiene tienen su propio lugar donde «dormir», es decir, un lugar específico al que pertenecen. ¿Todo lo que tienes encima de tu escritorio ahora mismo tiene un lugar donde «dormir», o mañana por la mañana, cuando llegues, continuará ahí?

Un ejercicio que realmente ayuda es irse a casa dejando un despacho ordenado invirtiendo tan solo diez minutos al finalizar la jornada de trabajo. Es decir, antes de cerrar la puerta y salir de la oficina, haz el esfuerzo de pasar los últimos diez minutos quitando cosas de en medio: colocando las carpetas manila en su sitio; metiendo los bolígrafos y fosforitos en el cajón; tirando el vaso de plástico de café

a la papelera; llevando la taza de café a la cocina para lavarla; colocando los archivos de proyectos en el lugar correspondiente marcado con etiquetas; colocando los archivadores de anillas en su lugar en la estantería o el armario; devolviendo los documentos a tus compañeros si es necesario, etcétera.

La clave es la constancia. Si te acostumbras a hacerlo todos los días antes de dar por finalizada tu jornada de trabajo, tu escritorio estará más organizado de forma permanente. Además, como *bonus* de este hábito, cuando vuelvas a la mañana siguiente, encontrarás un espacio de trabajo preparado para ayudarte a ser productivo. Pero, insisto, antes de poder llegar a este punto, todas las cosas que hay en tu escritorio han de tener un lugar asignado donde «dormir»; si no, te será muy difícil recoger el espacio.

UNAS PALABRAS FINALES

Querido lector, hemos llegado al final. Espero haber sido capaz de aportarte nuevos enfoques y sistemas concretos que te ayuden a organizar tu negocio y combinarlo mejor con tu vida personal. Recuerda que llegar a estar organizado es un proceso lento, que va paso a paso. Si has estado en la «ciudad sin ley» durante muchos años, será duro cambiar ese patrón y darle un giro de 180 grados. Pero sí, es posible. Solo necesitas encontrar el motivo que te conduzca al cambio.

Te haré un par de preguntas: ¿por qué te has comprado este libro?, ¿cuál fue el factor decisivo que te empujó a intentar cambiar algo en tu manera de hacer las cosas? Sean cuales sean tus respuestas, úsalas como motivación para continuar y, si la pierdes en algún momento, te recordarán por qué empezaste este camino. En cuanto a la motivación que necesitarás para poder inculcar a tu equipo de trabajo o a tu familia el hábito de la organización —ahora ya en calidad de responsable de los sistemas—, recuerda que tienes unas premisas: no puedes ni debes cambiar al que no quiere hacerlo o no está preparado aún para ello, y lo que funciona bien no se debe tocar. Sin embargo, te será de gran utilidad conocer la «teoría de las ventanas rotas» y usarla para atraer a los demás hacia el orden y la limpieza en el espacio que los rodea, mediante el ejemplo. Esa teoría se remonta al año 1969, fecha en la que Philip Zimbardo, un psicólogo social de la Universidad de Stanford, realizó un experimento y llegó a la conclusión de que en un contexto en el que no hay normas es más probable que se produzcan situaciones de vandalismo; es decir, las conductas incívicas o inmorales se propagan. Por tanto, si una ventana está rota hay que arreglarla cuanto antes; si no, pronto se producirá un descuido o un acto de dejadez. Si un sistema está roto, hay que revisarlo, y nos toca a nosotros dar ejemplo para que no se eche todo a perder, ni la familia ni el negocio. Así pues, se podría decir que las conductas positivas también se propagan, de modo que empieza por arreglar tus propias ventanas. El siguiente paso para ti ahora es probar los sistemas concretos que has encontrado en este libro, llevando a cabo las acciones detalladas al final de muchos apartados. Por supuesto, me encantaría saber cómo de efectivos te han resultado, y si te han servido para hacerte superar algún mal hábito organizativo.

Puedes contactar conmigo en mi *e-mail* personal (carol@organizarmeconestilo.com) y enviarme cualquier consulta que tengas. Además, recuerda que puedes encontrar más consejos sobre organización en mi blog www.organizarmeconestilo.com, información sobre servicios y otros productos, así como suscribirte a la *newsletter* para estar al tanto de mi actividad y recibir contenido exclusivo y descuentos.
¡Muchas gracias, y disfruta de cada minuto de tu nueva vida!